Zu meiner Person:

Nach und während einer klassischen Ausbildung, einem Studium im geisteswissenschaftlichen Bereich und einer Dissertation, wurde der spirituelle Weg immer deutlicher für mich zum Leitstern meines Lebens in dieser Welt.

Die hohen Energien von Avalon, die die Druiden einst einsetzten, um heiliges Wissen zu verbreiten, kehren zurück, und in dieser Tradition steht sowohl diese Publikation, wie mein Leben im Licht der Einheit.

Merlin, der aufgestiegene Meister, der ich bin, hat in der neuen Zeit die Aufgabe, mit den Menschen an dem Aufstiegsprozess zu arbeiten und sie daran zu erinnern, dass sie das hohe Liebesbewusstsein Gottes sind.

Namasté.

Avalon Kartendeck

Das Kartendeck zum Aufstiegsprozess der Seele in der neuen Zeit.

Set mit 40 Karten und Begleitbuch.

Dr. Christian Hüls
Spirituelle Prozesse

Mail   kontakt@christian-huels.de
Web   www.christian-huels.de
Blog   spirit.fotografie-huels.de

Informationen und weitere Hinweise:
www.christian–huels.de
Blog: spirit.fotografie–huels.de

Bibliografische Information der Deutschen Nationalbibliothek:
Die Deutsche Nationalbibliothek verzeichnet diese Publikation in der Deutschen Nationalbibliografie; detaillierte bibliografische Daten sind im Internet über www.dnb.de abrufbar.

Herstellung und Verlag:
BoD – Books on Demand, Norderstedt
ISBN 9783748144656

Avalon – Das Kartendeck

Inhaltsverzeichnis

Hinweis:

Unter *www.christian-huels.de* gibt es ein Skript mit Meditation und Anleitung zur Einweihung in Avalon.

Es empfiehlt sich, auch die dort geschilderte Einweihung zu machen, auch wenn eine Kurzfassung in dem Kartendeck beschrieben wird.

Avalon – Das Kartendeck

Einleitung

Die Zeit der Dunkelheit unseres Bewusstseins ist vergangen. In dieser neuen Zeit werden uns alle Mittel zur Verfügung gestellt, unser hohes Bewusstsein der Einheit mit Allem was ist, wieder in Empfang zu nehmen.

Eine nicht unerhebliche Rolle im sogenannten Aufstiegsprozess spielt Avalon. Das Sternentor der siebten Dimension, das vielen Seelen aus Inkarnationen in der keltischen Kultur bekannt sein dürfte, hält hohes Wissen für den Prozess der Rückkehr in die Einheit bereit.

Gott Vater-Mutter, der uns diesen Prozess so leicht als möglich machen möchte, hat entschieden, dass nunmehr das Sternentor und das in Avalon aufbewahrte Wissen wieder zur Verfügung gestellt wird.

Damit ist gewährleistet, dass jede Seele, die diesen Weg geht, genau die Schlüssel aus dem hohen Einheitsbewusstsein wieder erhält, die sie in der Situation, in der sie sich befindet, benötigt. Jede/r erhält einen individuellen, bestmöglichen Prozess.

www.christian-huels.de

Dabei ist es wichtig, die Schlüssel aus Avalon, die die hohen PriesterInnen bereit halten, vertrauensvoll in die Prozesse einzubinden, die alle Seelen gemeinschaftlich vollziehen. Das heißt: Avalon ist ein Tor zum Bewusstsein der Verbundenheit und der Liebe der Seelen untereinander. Nur durch die Liebe öffnet sich das Tor.

Es ist eines, das wir in unserem Herzen tragen. Avalon existiert in uns.

Der Zugang dazu wurde einst von den Druiden versiegelt, um zu gewährleisten, dass die hohe Macht, die in Avalon aufbewahrt wird, nicht in die falschen Hände gerät. Viele Jahre sind seitdem vergangen – und die Faszination für Avalon hat nicht nachgelassen. Dennoch ist es wichtig, in diesem Zusammenhang zu erwähnen, dass nicht Glastonbury den Zugang zu diesem hohen Einheitsbewusstsein bereit hält, sondern dieser Zugang wird geöffnet, sobald sich die Seele auf ihren Weg zurück in die Einheit macht.

Eine Vorbereitung ist notwendig, um die hohen Energien halten zu können. Die meisten, die eine

Einweihung, und das heißt: einen Zugang zu den Fähigkeiten, die sie einst besaßen, erlangen, haben bereits spirituell an sich gearbeitet.

Nichtsdestotrotz können und sollen alle von diesem Kartendeck profitieren.

Wer eine geschichtliche Auseinandersetzung mit der Zeit der Druiden erwartet, wird etwas enttäuscht. Denn es geht nicht um die Vergangenheit sondern um die Gegenwart und Zukunft: denn die Erlangung eines hohen spirituellen Bewusstseins ermöglicht in dieser Zeit sehr vieles: angefangen von der Arbeit mit anderen Seelen, geistigem Heilen, Channeln über die Entwicklung der eigenen seelischen Fähigkeiten, in der Welt zu wirken – durch die Einweihung in die hohen Einheitsenergien erschließen sich den Seelen wieder höhere Bewusstseinsebenen: wir durchschauen den Schleier, den Nebel von Avalon, wenn man so will. Dass Alles mit Allem verbunden ist und immer war, dass die Trennung eine Illusion sei und die „Anderswelt" stets vorhanden,

www.christian-huels.de

als ein wichtiger Teil des Alltags, dieses Wissen, das die Druiden besaßen, wird auch in der kommenden Zeit wieder die Welt erhellen.

Zur Anwendung

So wenig bekannt die alten Weisen sind, die in der druidischen Kultur zu einer großen Bewusstheit über die Zusammenhänge unserer Existenz, unserer Herkunft aus der göttlichen Quelle, der Einheit, führten, so größer ist die Gelegenheit, dieses alte Wissen in der heutigen Zeit zu integrieren. Immer mehr Menschen begreifen, dass sie selbst den Schlüssel zu ihrem Heil-Sein, zu ihrer eigenen göttlichen Existenz in der Hand halten. Die Mysterien, die einst geheim gehalten wurden in den Zeiten der Dunkelheit, sind nunmehr für eine Vielzahl von Menschen wieder zugänglich – und sie werden es für einen immer größeren Anteil.

Das bedeutet, dass proportional die Erkenntnis reift, dass diese Zeit so besonders, so bedeutsam für die

Menschheit, für die Seelen auf ihrem Weg in die Inkarnationen ist.

Sobald wir begreifen, dass wir, die Seelen, alle Schlüssel, die in Avalon aufbewahrt werden, einst selbst in der Hand hielten und zum höchsten Wohle Aller einsetzten, wird klar, dass der Aufstiegsprozess der Seele in ihr Einheitsbewusstsein eine Erinnerung an diese Fähigkeiten ist. Wir müssen uns erinnern, um wieder die Schlüssel der hohen Energien in die Welt zu tragen.

Ich bin.

Diese machtvolle ich bin Präsenz, die wir sind, aus der göttlichen Quelle stammend, hat über ihre Inkarnationen hinweg so viele Erfahrungen gesammelt, dass sie nunmehr zurückzukehren bereit ist. Dies gilt prinzipiell für alle heutzutage inkarnierten Seelen; dennoch gehen einige voran und ebnen den Weg der Erkenntnis, den Weg zurück – wie geht man ihn, was ist zu beachten; einige erproben schon heute die sehr hohen Energien von Avalon, die zum Beispiel die Aufhebung von Raum und Zeit beinhalten. In der Einheit existiert keine Zeit, existiert kein Raum. So kann beispielsweise ein Prozess bereits gestartet werden, der erst in der Zukunft beginnt. Oder umgekehrt kann ein spiritueller Prozess auch in der Vergangenheit nachbearbeitet werden – dies betrifft vor allem Heiler, die mit ihren Klienten am Aufstiegsprozess arbeiten. Sie profitieren von dem Schlüssel „Zeit", der ihnen ermöglicht, wichtige Prozesse an ihre Klienten in optimaler Weise zu vermitteln. Vorbereitung schützt vor Überlastung in den Sitzungen.

Gleichzeitig wird hieran bereits deutlich, dass die Schlüssel aus Avalon sich auf die Prozesse und das Wissen konzentrieren, das nun für den Aufstiegsprozess aller Seelen, die diesen Weg gehen möchten, benötigt wird. Es handelt sich um ein spirituelles Wissen, das Allen zugute kommt. Auch hier greift der Einheitsgedanke.

Neben der Beschleunigung von energetischen Arbeiten, die im Einheitsbewusstsein stets aus der

Perspektive des göttlichen, reinen und klaren Gedankens der Liebe und der Harmonie erfolgen – beispielsweise bei Clearings und Reinigung von Räumen und Orten – wird durch Avalon auch die Bewusstheit von der Verbundenheit der Lichtarbeiter untereinander ermöglicht. So kann beispielsweise ein Eingeweihter die Verbindung zu anderen, weit entfernten Räumen energetisch herstellen und ist somit an den Prozessen vor Ort beteiligt, erhält selbst Informationen aus diesen Prozesse und erfährt Heilung.

Einheit heißt, die Trennung als Illusion loszulassen. Da diese Trennung auf so vielen Ebenen erfahren wird in dieser Welt, handelt es sich um einen steten Prozess, der neue und wieder neue Erfahrungsräume erschließt und stets angepasst an den jeweiligen Stand des spirituell Erwachten ist.

Gott selbst überwacht diese Prozesse, denn so wichtig ist die neue Zeit, dass alle gemeinsam, auf zahlreichen Ebenen daran mitarbeiten. Auch die Seelen, die scheinbar nicht „gehen" unterstützen die Lichtarbeiter. Denn auf der Seelenebene gibt es keine

Trennung – und sobald wir unsere eigenen Muster beginnen anzuschauen und aufzulösen, erklären die Seelen ihr Einverständnis, uns weitere Muster zu zeigen, die nun erlöst werden sollten, um aufzusteigen. Wir können das hohe Bewusstsein unserer Einheit nur dauerhaft halten, wenn wir tatsächlich unseren früheren Inkarnationen und den daraus resultierenden Verstrickungen und Verhaltensmustern Aufmerksamkeit widmen und sie auf nunmehr leichte Weise lösen.

Nicht der alte Weg sondern der neue wird mit Avalon beschritten.

Sobald die Verbindung zum Höheren Selbst hergestellt ist, und wir in der Lage sind, wieder Kontakt mit unserer Seelenfamilie aufzunehmen, mit unseren Seelenpartnern, erleben wir die Liebe auf der Seelenebene zwischen Allen. Dies ermöglicht uns, unser Bewusstsein weiter auszudehnen und die Erfahrungen, die wir in der Trennung machen, aus einer völlig anderen Perspektive zu sehen – was habe ich noch nicht erlöst, aus welchen zersplitterten Teilen bestehe ich noch?

Auch die Wahrnehmung, die nach unserem Fall aus dem Paradies der Einheit in viele Teile zersplitterte, sollte wieder in die Perspektive der Einheit rücken. Sobald ich Gott bitte, diese Teile nach und nach wieder einsammeln zu dürfen, setzt sich meine Wahrnehmung, die stets verzerrt war, wieder zu der Wahrnehmung der liebevollen Bewusstheit der Einheit zusammen.

Wir sind aufgefordert, uns selbst mit den liebevollen Augen Gottes zu betrachten – sobald wir dies tun, schmilzt unser „Schutz" und wir erkennen, dass wir nie getrennt waren.

Herzensöffnung, die in dieser Zeit so wichtig ist, erfolgt durch das Einheitsbewusstsein sozusagen automatisch. Wie kann ich etwas nicht lieben, das Gott erschuf, das ich selbst als göttliches Wesen erschuf. So ist die Liebe, die Selbstliebe, ein weiterer Schlüssel zu Avalon und in Avalon enthalten.

Einheitsbewusstsein heißt also, sich der Einheit, seinem Ursprung wieder bewusst zu werden. Dies kann unter anderem in Meditationen geschehen, aber auch durch die regelmäßige Arbeit mit diesem

Kartendeck. Denn die einzelnen Karten unterstützen mit ihren Botschaften die Bewusstheit. Nicht die Trennung sondern die Liebe, die das Einheitsbewusstsein ist, drückt sich in uns aus, sobald wir uns für die eigene göttliche Existenz öffnen.

Gechannelte Botschaften, die in den Karten liebevolle Perspektiven auf die Seele und ihre Existenz in dieser Zeit werfen, dienen dem Aufstieg. Sie sind in dieser Hinsicht zu verstehen: Einheit erzeugt Bewusstsein. Die Öffnung zu dem Einheitsgedanken erzeugt eine Hinwendung zum seelischen Weg. Dieser sieht vor, wieder mehr und mehr als liebevolle Energie in der Welt Erfahrungen zu machen. Das Einheitsbewusstsein, dem dieses Kartendeck dienen soll, stellt sich über liebevolle Akzeptanz her.

Sobald ich die Botschaften mit dem Herzen aufnehme, öffnet sich bereits eine Tür. Es kann die zu Avalon sein, die nie für diejenigen verschlossen war, die dieses hohe Wissen bewahrten.

So sind wir aufgerufen, als seelische Inkarnation, dieses Wissen wieder zum höchsten Wohle aller in die Welt zu bringen. Wer dieses Geschenk in diesem Sinne akzeptiert, wird die Segnungen der neuen Zeit vollends genießen können und erfahren, dass sein Leben von der Getragenheit durch Gottes Atem gekennzeichnet ist.

Diese einleitenden Worte erscheinen wichtig im Hinblick auf die Karten des Decks, denn diese könnten auch als Bezugnahme auf Tradition missverstanden werden, die dem sagenhaften Avalon mehr Aufmerksamkeit widmet als dem, was Avalon heute sein kann: eine Erfahrung des hohen Bewusstseins der Einheit von Allem mit Allem.

Wenn Sie also beispielsweise eine Tageskarte ziehen und über die Botschaft meditieren, werden Sie erfahren, welche Schlüssel Sie an diesem Tag benötigen, um dem Weg Ihrer Seele zu folgen. Ihre Seele kann Ihnen ebenso weitere Hinweise geben, wenn Sie sie einfach darum bitten. Sie lauschen der Stimme ihrer Seele in der Stille und erfahren zu der Karte eine erweiterte, auf Ihr Leben bezogene Information, die Ihnen hilft, nicht nur die Botschaft der Karte richtig zu deuten sondern auch das konkrete Anliegen Ihrer Seele zu verstehen, das sie mit der Auswahl der Karte zum Ausdruck bringen möchte.

Bitte bedenken Sie auch folgendes: der Weg zu Avalon ist einer des Herzens. Ihre Hingabe an die Seele, Ihr Einverständnis zum spirituellen Weg ist der Schlüssel zu den höheren Ebenen des Bewusstseins und der seelischen Fähigkeiten. Diese wollen behutsam wieder in Empfang genommen werden. Wir sollten unseren Verstand und unser Ego außen vor lassen, wenn wir uns Avalon nähern, denn die Gnade der Rückkehr ins Bewusstsein beinhaltet die Transformation des Egos. Es wäre auch nicht gemäß des Einheitsgedankens, mögliche egoistische Motive in den Prozess hineinzutragen. Viel eher ist es umgekehrt – sobald wir Gott bitten, uns unsere Ego-Energien zu offenbaren, und ihn bitten, diese zu transformieren, stellen wir fest, dass Ego meint: Kontrolle. Diese ist auf so vielen Ebenen noch in uns vorhanden, dass es nach und nach, Schritt für Schritt wichtiger wird, diese Kontrollmechanismen loszulassen und in der Liebe der Einheit zu transformieren.

Auch dazu können diese Karten anleiten und Sie begleiten.

Ich als Seele hoffe, dass Ihnen die Karten und die Beschäftigung mit dem Einheitsbewusstsein von Avalon Freude bereiten.

Mir selbst hat es sehr viel Freude bereitet, dieses Kartendeck zu erstellen, die Botschaften und Hinweise zu channeln und die beteiligten Seelen um Hilfe und Unterstützung zu bitten. Dieses Deck ist gemeinschaftlich entstanden – auf der Seelenebene. So soll es auch verstanden werden, und wenn Sie hineinspüren in die Botschaften der Karten, werden Sie, so hoffen wir, diese Verbundenheit der Seelen spüren.

In den Beschreibungen der Karten wähle ich die persönlichere Du-Form, die ansprechender ist.

Namaste.

Die einzelnen Karten

1 *Avalon*

Sternenportal des hohen Wissens der Einheit: In Avalon gibt es keine Trennung. Die Verbundenheit über alle Zeiten und Räume hinweg, die uns auf der Seelenebene vereint, ist so stark, dass wir dieses Bewusstsein immer in uns tragen. Als Spur des Vergessens hat sich die Vergangenheit unserer Inkarnationen zum Teil tief eingegraben in unseren Verstand. Das Herz öffnet den Weg zurück.

Sprich und affirmiere liebevoll:

Ich bin in Avalon und Avalon ist in mir.
Die Trennung ist eine Illusion.
Gott Vater-Mutter und ich sind eins.
Avalon, ich rufe Dich. Bitte zeige mir den Weg zurück in das Herz der Einheit.
Bitte unterstütze mich auf diesem Weg.

Öffne mir die Tür zu meinem Einheitsbewusstsein in meinem Herzen.
Avalon ist in mir und ich bin in Avalon.

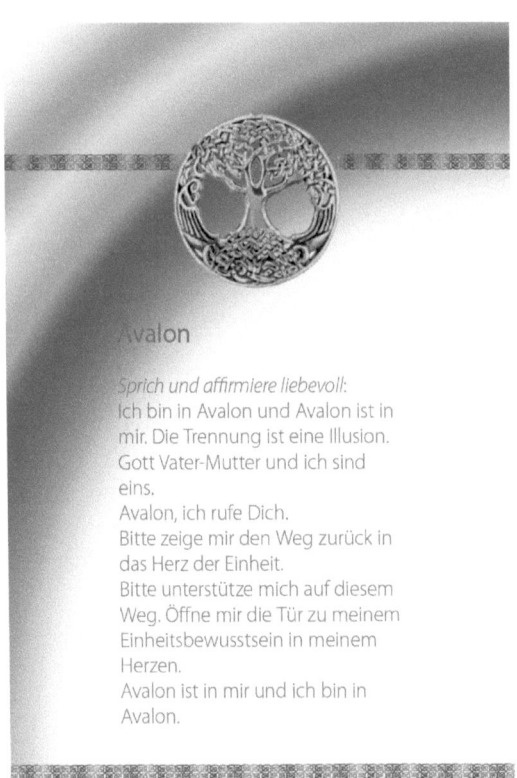

Avalon

Sprich und affirmiere liebevoll:
Ich bin in Avalon und Avalon ist in mir. Die Trennung ist eine Illusion.
Gott Vater-Mutter und ich sind eins.
Avalon, ich rufe Dich.
Bitte zeige mir den Weg zurück in das Herz der Einheit.
Bitte unterstütze mich auf diesem Weg. Öffne mir die Tür zu meinem Einheitsbewusstsein in meinem Herzen.
Avalon ist in mir und ich bin in Avalon.

2 *Der hohe Priester*

Die Druiden, die einst das hohe Bewusstsein der Verbundenheit von Allem was ist, trugen, kehren zurück. Zahlreiche inkarnierte Seelen waren eingeweiht in Avalon und in dies Einheitsbewusstsein. Die Mysterienschulen, die die Druiden begründeten, wirkten zum höchsten Wohle aller. Sobald Du diese Karte ziehst, bedeutet dies, das ein hoher Priester aus Avalon Dich unterstützen wird auf Deinem Weg – oder dass Du selbst dieser hohe Priester einst warst.

Sprich und affirmiere liebevoll:
Ich bin in Avalon und Avalon ist in mir.
Ich rufe die göttliche Energie des hohen Einheitsbewusstseins.
Bitte öffne mir den Weg zur Erkenntnis des Schlüssels: *Macht*.
Macht in Liebe ist die Vertrautheit Gottes mit den unendlichen Möglichkeiten der Schöpfung.

Eine weise Seele nutzt die Schöpfungsmacht liebevoll, aus dem Gedanken der Einheit.
Ich rufe die göttliche Energie des hohen Einheitsbewusstseins.
Ich bin ein unendlich geliebter Teil der Schöpfung
und bitte darum, dass meine Macht stets dem
höchsten Wohle aller dienen möge.

Der hohe Priester

Sprich und affirmiere liebevoll:
Ich bin in Avalon und Avalon ist in
mir. Ich rufe die göttliche Energie
des hohen Einheitsbewusstseins.
Bitte öffne mir den Weg zur
Erkenntnis des Schlüssels: *Macht.*
Macht in Liebe ist die Vertrautheit
Gottes mit den unendlichen Mög-
lichkeiten der Schöpfung.
Eine weise Seele nutzt die
Schöpfungsmacht liebevoll, aus
dem Gedanken der Einheit.
Ich rufe die göttliche Energie des
hohen Einheitsbewusstseins.
Ich bin ein unendlich geliebter
Teil der Schöpfung und bitte
darum, dass meine Macht stets
dem höchsten Wohle aller dienen
möge.

3 *Die hohe Priesterin*

Auch die Frauen, die Wicca, waren Eingeweihte. Aus dem Gedanken der Einheit in der Vielheit ergibt sich automatisch die Gleichwertigkeit von Mann und Frau. Keine Seele, die die Erfahrung in einem weiblichen oder einem männlichen Körper wählt, tut dies unbewusst. Die schöpferischen Kräfte, die der weiblichen Energie zugesprochen werden, erscheinen heute nötig, um in der Welt liebevolle Veränderungen zu bewirken. Sobald Du diese Karte ziehst, bedeutet dies, dass Du in Deinem Leben schöpferisch werden sollst. Wo kannst Du zum höchsten Wohle aller wirken und was regt Deine Schöpferkräfte an.

Sprich und affirmiere liebevoll:

Ich bin Schöpfer/in.
Ich bin die Seele.
Ich bin immer verbunden mit Allem was ist und ich schöpfe mein ganzes Potenzial aus.
Avalon ist in mir und ich bin in Avalon.

Hohe Priesterin von Avalon, ich bitte Dich: eröffne mir den Weg zu meiner Schöpferkraft.

Gott Vater-Mutter, ich bitte Dich: zeige mir den Weg zur Harmonie meiner männlichen und weiblichen Energien, so dass ich im Einklang mit Allem was ist schöpfe.

Ich bin Schöpfer/in meiner Welt.

So ist es.

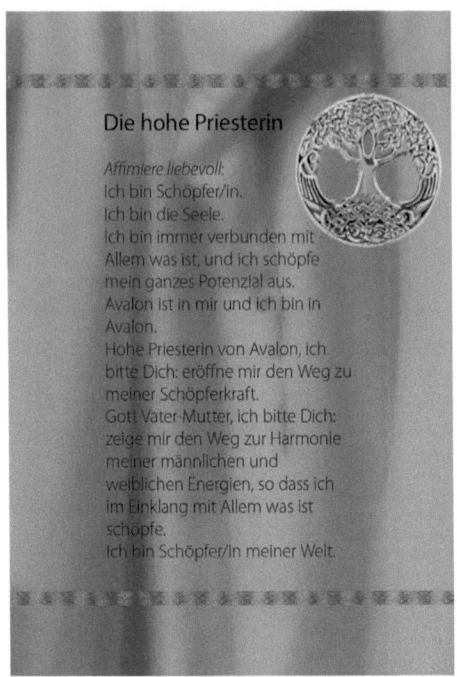

Die hohe Priesterin

Affimiere liebevoll:
Ich bin Schöpfer/in.
Ich bin die Seele.
Ich bin immer verbunden mit Allem was ist, und ich schöpfe mein ganzes Potenzial aus.
Avalon ist in mir und ich bin in Avalon.
Hohe Priesterin von Avalon, ich bitte Dich: eröffne mir den Weg zu meiner Schöpferkraft.
Gott Vater-Mutter, ich bitte Dich: zeige mir den Weg zur Harmonie meiner männlichen und weiblichen Energien, so dass ich im Einklang mit Allem was ist schöpfe.
Ich bin Schöpfer/in meiner Welt.

4 *Der Schlüssel Einheit*

Der Schlüssel Einheit besagt, dass ich aufgerufen bin, die Trennungen, die ich selbst erzeugt habe, loszulassen. Wo habe ich mich von meiner Göttlichkeit, von meiner göttlichen Perspektive auf die Welt getrennt. Wo leide ich, obwohl ich doch ein geliebtes Kind Gottes bin. Der Schlüssel Einheit ist eine Essenz, die unser Bewusstsein wieder anschließt an die Verbundenheit Gottes mit uns. Er hilft, dem Gefühl der Trennung eine stärkere Energie zu vermitteln.

Das Gefühl der Einheit ist eine höher schwingende Energie als die Trennung. Das hohe holt das weniger hoch schwingende Gefühl zu sich. So ist Avalon ein Portal der hohen Energien, das in der Lage ist, Gefühle der Trennung zu transformieren. Avalon ist in mir und in Dir – *und so affirmiere liebevoll*:

Ich bin immer Gott selber.
Keine Trennung, die ich noch im Herzen trage kann mir dieses Gefühl nehmen.

Ich bin ein Teil von Avalon und Avalon ist ein Teil von mir.

Ich bin in der Einheit und die Einheit ist in mir. Trennung erzeugt Illusionen und so bitte ich Dich, Gott Vater-Mutter, zeige mir den Weg aus meiner Illusion.

Ich bin in Avalon und Avalon ist in mir.
Ich bin in Avalon und Avalon ist in mir.
Ich bin in Avalon und Avalon ist in mir.

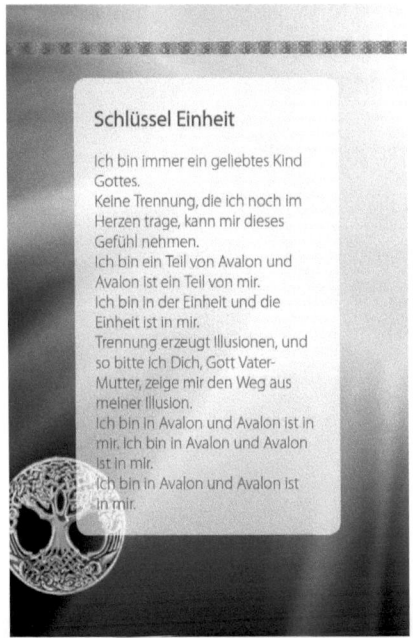

Schlüssel Einheit

Ich bin immer ein geliebtes Kind Gottes.
Keine Trennung, die ich noch im Herzen trage, kann mir dieses Gefühl nehmen.
Ich bin ein Teil von Avalon und Avalon ist ein Teil von mir.
Ich bin in der Einheit und die Einheit ist in mir.
Trennung erzeugt Illusionen, und so bitte ich Dich, Gott Vater-Mutter, zeige mir den Weg aus meiner Illusion.
Ich bin in Avalon und Avalon ist in mir. Ich bin in Avalon und Avalon ist in mir.
Ich bin in Avalon und Avalon ist in mir.

5 *Der Schlüssel Zeit*

Die Zeit ist eine Illusion – geschaffen, um Dinge transparent werden zu lassen. Alles fließt, alles arbeitet nach Rhythmen. Zum Teil sind die Schwingungen auf der Erde so niedrig gewesen, dass Zeit eine Größe war, die zu sehr vielen Inkarnationen geführt hat. In der heutigen Zeit können sogar mehrere Leben „gelebt werden". Denn durch die Öffnung für den Prozess sind so große Veränderungen in den Menschen möglich, dass die Seelen in die Lage versetzt werden, viel mehr Erfahrungen zu machen als noch vor einigen Jahren. Auch die Lebensspannen verlängern sich und können durch die Öffnung für den Weg weiter ausgedehnt werden.

Sprich und affirmiere liebevoll:

Zeit ist eine Illusion.
Ich bin in Avalon und Avalon ist in mir.
Ich bitte um den Schlüssel „Zeit".
Ich bitte um Zugang zu den Schlüsseln des Enoch.

Ich bitte darum, dass alles zum höchsten Wohle aller gefügt wird und dass nur das geschieht, was in der göttlichen Ordnung ist.
Kodoish Kodoish Kodoish Adonai `Tsebayoth,
Kodoish Kodoish Kodoish Adonai `Tsebayoth,
Kodoish Kodoish Kodoish Adonai `Tsebayoth,
Lay-U-Esh Shekina, Lay-U-Esh Shekina,
Lay-U-Esh Shekina,
Ehyeh Asher Ehyeh,
Ehyeh Asher Ehyeh,
Ehyeh Asher Ehyeh.

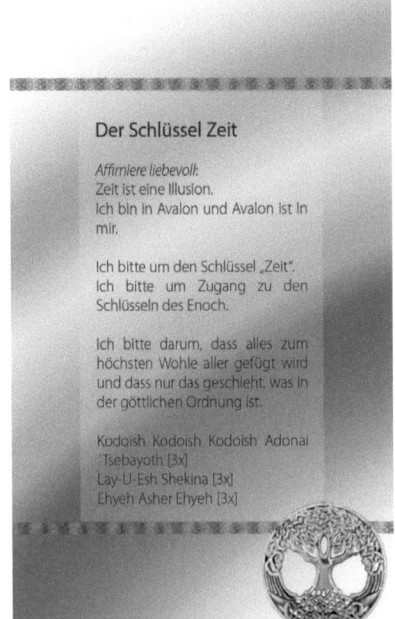

Der Schlüssel Zeit

Affimiere liebevoll:
Zeit ist eine Illusion.
Ich bin in Avalon und Avalon ist in mir.

Ich bitte um den Schlüssel „Zeit".
Ich bitte um Zugang zu den Schlüsseln des Enoch.

Ich bitte darum, dass alles zum höchsten Wohle aller gefügt wird und dass nur das geschieht, was in der göttlichen Ordnung ist.

Kodoish Kodoish Kodoish Adonai `Tsebayoth [3x]
Lay-U-Esh Shekina [3x]
Ehyeh Asher Ehyeh [3x]

6 *Der Schlüssel Liebe*

Liebe ist der Schlüssel zur Erkenntnis der Beschaffenheit von Allem was ist. Denn aus der Liebe sind wir entstanden und die Liebe ist in uns. Wir sind Liebe. Diese Erkenntnis ermöglicht alle anderen. Denn in der Liebe gibt es keine Trennung, nur Einheit. Die Erfahrungen auf dieser Erde, die auch durch das Gegenteil von Liebe gekennzeichnet waren, und die wir alle machen wollten, werden nun durch unsere Öffnung für das Licht, das wir sind, transformiert. Dadurch entsteht eine höhere Schwingung in uns, denn die Liebe transformiert unser innerstes Sein zu einem neuen Dasein: es handelt sich um ein Bewusstseinsfeld, das wir durch unsere Liebe erschaffen und in das wir eintauchen, um die Liebe unserer Seele in der Welt wirken zu lassen.

Affirmiere und sprich liebevoll:

Ich bin Liebe, denn ich bin vom Licht Gottes entsprungen.

Ich bin immer in den Armen Gottes und ich bin ein unendlich geliebter Teil Gottes.
Die Trennung ist eine Illusion.
Ich bin immer mit Allem was ist verbunden.
Ich bin die Seele, ich bin das göttliche Licht.
Ich bin Liebe, ich bin Wille, ich bin Weisheit, ich bin geisterschaffen, und ich manifestiere aus dem Geiste jetzt.

Ich bin.

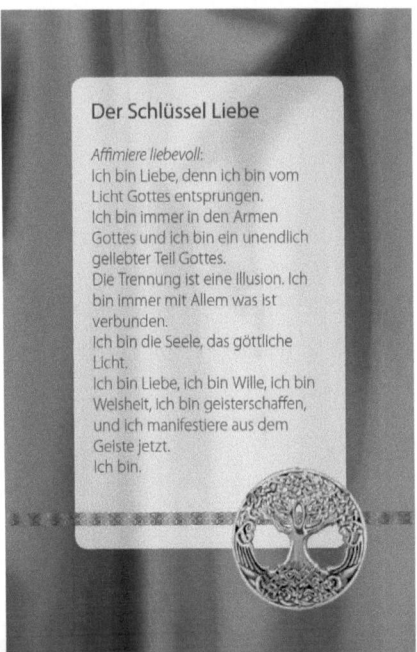

Der Schlüssel Liebe

Affimiere liebevoll:
Ich bin Liebe, denn ich bin vom Licht Gottes entsprungen.
Ich bin immer in den Armen Gottes und ich bin ein unendlich geliebter Teil Gottes.
Die Trennung ist eine Illusion. Ich bin immer mit Allem was ist verbunden.
Ich bin die Seele, das göttliche Licht.
Ich bin Liebe, ich bin Wille, ich bin Weisheit, ich bin geisterschaffen, und ich manifestiere aus dem Geiste jetzt.
Ich bin.

7 Der Schlüssel Heil-Sein

In der Einheit existiert kein Leid, keine Krankheiten, keine niedrig schwingenden Energien. Auch Krankheiten sind Energieformen, die sich im Körper bemerkbar machen als Hemmungen des natürlichen Flusses unserer Energien. Die Seele entscheidet manchmal, den Weg über die Krankheit zu wählen, um umzusteuern. Nicht die Freiheit von Symptomen ist das Ziel des Heil-Seins, sondern die Weisheit des Weges beinhaltet das Heil der Seele. So folgen wir unserem Seelenplan und werden „gesund". Dieser Plan sieht vor, das Bewusstsein der Einheit zu erkennen und wieder zu erlangen als Bewusstsein vom eigenen Heil.

Darum sprich und affirmiere liebevoll:

Ich bin göttliche Gesundheit, Gott selber, göttliches Heil.
Mein Licht strahlt in die Welt und löst die Illusion der Krankheit auf.

Heil, heil, ewig heil sind meine Seele und mein Höheres Selbst.

Ihnen schenke ich meine Aufmerksamkeit und folge Ihrem Weg.

Denn ich bin vom Licht und ich bin im Licht.

Möge die Illusion der Trennung nun liebevoll zurück in die Einheit gelangen.

Ich lege alle Krankheiten, alle Illusionen der falschen Energien liebevoll in Gottes Hände und bitte um Lösung.

Danke Gott Vater-Mutter, dass Du Dich um mein Heil-Sein kümmerst.

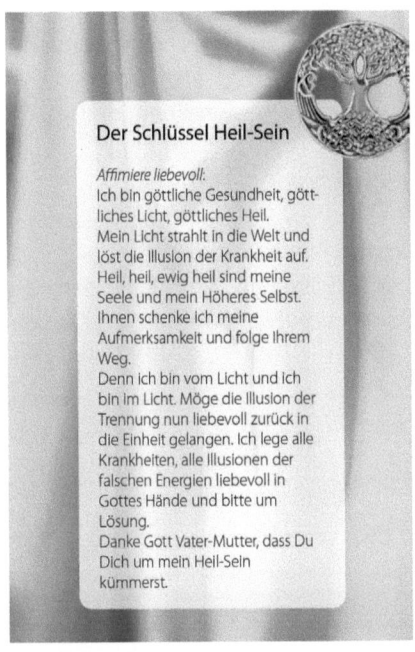

Der Schlüssel Heil-Sein

Affimiere liebevoll:
Ich bin göttliche Gesundheit, göttliches Licht, göttliches Heil.
Mein Licht strahlt in die Welt und löst die Illusion der Krankheit auf.
Heil, heil, ewig heil sind meine Seele und mein Höheres Selbst.
Ihnen schenke ich meine Aufmerksamkeit und folge Ihrem Weg.
Denn ich bin vom Licht und ich bin im Licht. Möge die Illusion der Trennung nun liebevoll zurück in die Einheit gelangen. Ich lege alle Krankheiten, alle Illusionen der falschen Energien liebevoll in Gottes Hände und bitte um Lösung.
Danke Gott Vater-Mutter, dass Du Dich um mein Heil-Sein kümmerst.

8 *Avalon – das Schwingungsfeld*

Avalon ist ein Sternenportal der siebten Dimension. Dort sind Erinnerungen gespeichert über den Weg dieses Planeten, der Mutter Erde. In ihm werden diese Schwingungen als Heilenergien für Mutter Erde aufbewahrt. So können diejenigen, die sich mit Avalon verbinden, Orte reinigen von niederen Energien, von alten Energien, die in Kriegen entstanden sind oder an Schauplätzen des Machtmissbrauchs. Da wir alle, die wir inkarniert sind, einst die Erfahrungen von Täterschaft und Opferdasein gemacht haben, sprich: Karma ansammelten, sind wir aufgerufen, den liebevollen Dienst der Reinigung unseres Planeten zu unterstützen. Dies gelingt mithilfe der hohen Avalon-Energien besser.

Affirmiere und sprich liebevoll:

Ich bin in Avalon und Avalon ist in mir.
Ich bitte um den Schlüssel aus den Schlüsseln des Enoch zur Reinigung von Plätzen, Energien und Or-

ten, die nicht in der Reinheit des Einheitsbewusstseins schwingen.

Ich bitte Gott Vater-Mutter um Erlaubnis, diese Fähigkeiten zum höchsten Wohle aller einsetzen zu
dürfen.

Ich bitte Mutter Erde, Lady Gaia, um Unterstützung
und Hilfe bei dieser Arbeit.

Ich bin Liebe, ich bin Wille, ich bin Weisheit, ich bin
göttlich, ich bin geisterschaffen und ich manifestiere
aus dem Geiste jetzt.

Ich bin in Avalon und Avalon ist in mir.

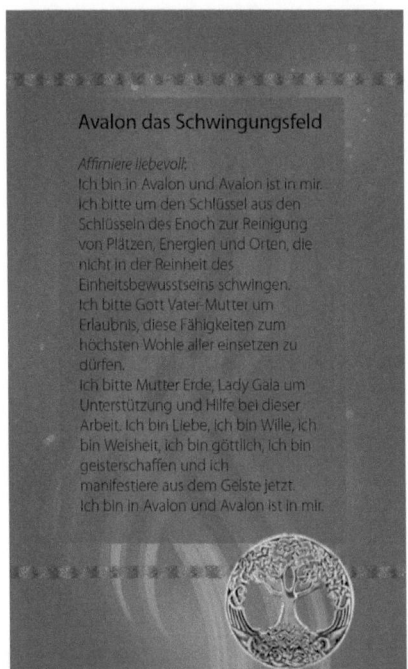

Avalon das Schwingungsfeld

Affirniere liebevoll:
Ich bin in Avalon und Avalon ist in mir.
Ich bitte um den Schlüssel aus den
Schlüsseln des Enoch zur Reinigung
von Plätzen, Energien und Orten, die
nicht in der Reinheit des
Einheitsbewusstseins schwingen.
Ich bitte Gott Vater-Mutter um
Erlaubnis, diese Fähigkeiten zum
höchsten Wohle aller einsetzen zu
dürfen.
Ich bitte Mutter Erde, Lady Gaia um
Unterstützung und Hilfe bei dieser
Arbeit. Ich bin Liebe, ich bin Wille, ich
bin Weisheit, ich bin göttlich, ich bin
geisterschaffen und ich
manifestiere aus dem Geiste jetzt.
Ich bin in Avalon und Avalon ist in mir.

9 Der Schlüssel Reinheit

Die Energien, die noch so zahlreich auf dieser Erde wirken, sind oft nicht rein – das heißt, sie schwingen in einer Frequenz, die Informationen speichert von Habgier, Machthunger, Ego-Energien, Intoleranz, Hass und Verdrängung. Je höher die Energie schwingt, um so stärker werden diese Energien spürbar als bedrängende Emotionen und Verhaltensweisen bei sich und anderen und als Störungen im Energiefeld des Menschen und seiner Umgebung. Neben der Reinigung und Klärung solcher Energien, ist es wichtig, sich um die Reinheit im Denken und Fühlen und somit auch im Handeln zu bemühen. Dies geschieht umso leichter, als das Herz die Erinnerung an die hohen Schwingungen speichert. Der Schlüssel Reinheit bedeutet, sich dieser Herzensenergie, die nach dem Höheren strebt, zu öffnen.

Ich tue dies, indem ich affirmiere:

Ich bin in Avalon und Avalon ist in mir.

Ich bin Liebe.

Ich bin immer in Gottes Armen.

In mir und um mich herum sind Reinheit und liebevolle Energien.

Ich bitte um die weiß-violette Flamme der kosmischen Reinigung und Transformation.

Ich bitte, dass alle frei werdenden Energien dorthin zurück gebracht werden, wo sie dem höchsten Wohle aller dienen.

Ich bin Gott selber, ich bin rein.

Meine Reinheit ist eine des Geistes, des Herzens, des Bewusstseins, der Achtsamkeit im Umgang mit mir selbst und anderen.

Ich respektiere mich selbst und meinen Nächsten als das, was wir sind: geliebte Teile des All-Einen und das All-Eine selbst.

Ich bin in Avalon und Avalon ist in mir.

Der Schlüssel Reinheit

Ich bin in Avalon und Avalon ist in mir. Ich bin Liebe. Ich bin immer in Gottes Armen. In mir und um mich herum sind Reinheit und liebevolle Energien. Ich bitte um die Weiß-Violette Flamme der kosmischen Reinigung und Transformation.

Ich bitte, dass alle frei werdenden Energien dorthin zurück gebracht werden, wo sie dem höchsten Wohle aller dienen. Ich bin ein geliebtes Wesen Gottes, ich bin rein.

Meine Reinheit ist eine des Geistes, des Herzens, des Bewusstseins, der Achtsamkeit im Umgang mit mir selbst und anderen.

Ich respektiere mich selbst und meinen Nächsten als das was wir sind: geliebte Teile des All-Einen. Ich bin in Avalon und Avalon ist in mir.

10 *Schlüssel Toleranz*

Oft bin ich verwickelt in Auseinandersetzungen um richtige Verhaltensweise, die ich vom anderen einfordere. Dies allerdings macht seine Probleme zu meinen eigenen. Toleranz bedeutet, seine Energien nicht mit den anderen zu „vermischen". Dies geschieht häufig schneller als uns bewusst ist, denn nicht nur Streit löst dies aus, sondern die Beschäftigung mit der Sicht des anderen kann bereits ausreichen, um meine Aufmerksamkeit auf Aspekte seines Seins zu lenken, die mir „inkompatibel" erscheinen. Diese nicht verbindende sondern trennende Energie, die meinen Weg als den „richtigen" wahrnimmt, hat Konsequenzen für unsere Schwingung. Toleranz löst solche Verstrickungen, die wir leicht erzeugen können, wieder auf.

Ich affirmiere und spreche liebevoll:

Ich bin in Avalon und Avalon ist in mir.
Ich bin tolerant.

Ich löse mich aus den Energien meines Gegenübers.
Ich bin in meinem geschützten inneren Raum.
Ich bin in meiner Mitte, ich bin in meinem Atem, ich bin in meinem Seelenatem.
Meine Energien sind liebevoll, denn sobald ich anderen Skepsis sende, entwickle ich Intoleranz.
Ich bin Liebe, ich bin Verständnis, ich bin Toleranz.
Ich gehe meinen Weg.
Ich gebe Dir Deine Energien zurück.
Ich bin in Avalon und Avalon ist in mir.

Der Schlüssel Toleranz

Ich bin in Avalon und Avalon ist in mir. Ich bin tolerant.
Ich löse mich aus den Energien meines Gegenübers. Ich bin in meinem geschützten inneren Raum.
Ich bin in meiner Mitte, ich bin in meinem Atem, ich bin in meinem Seelenatem.
Meine Energien sind liebevoll, denn sobald ich anderen Skepsis sende, entwickle ich Intoleranz.
Ich bin Liebe, ich bin Verständnis, ich bin Toleranz. Ich gehe meinen Weg. Ich gebe Dir Deine Energien zurück.
Ich bin in Avalon und Avalon ist in mir.

11 *Schlüssel Realität*

In der Realität, also dem konkreten Leben auf der Erde in dieser Inkarnation, spielt sich Erfahrung ab. Spiritualität will gelebt werden, und das heißt, auf der Erde, im täglichen Leben, verankert werden. Dies fällt nicht allen leicht. Denn es ist noch keine Selbstverständlichkeit, dass Spiritualität nicht Nebensache sondern eine ganzheitliche Lebensweise darstellt. Akzeptanz solcher Lebensweise verbreitet sich immer stärker in der Gesellschaft, auch wenn zahlreiche Menschen scheinbar noch unbewusst sind oder leben. Wir dürfen vertrauen, dass sich dies mehr und mehr ändert, zum höchsten Wohle aller. Dies bedeutet, dass Realität eine Erfahrungsform der Seele darstellt, die ganz ausgefüllt werden möchte.

Ich affirmiere hierzu:

Ich bin in Avalon und Avalon ist in mir.
Ich bin in der Christus-Zeit.
Ich bin mein Höchstes Selbst.

Ich arbeite zum höchsten Wohle aller – sowie zu meinem höchsten Wohle und verankere die neue Zeit in der Welt.
Ich liebe mich selbst.
Ich liebe mich selbst.
Ich liebe mich selbst.
Ich bitte um den Schlüssel Realität aus Avalon.
Ich bin das Höchste Selbst.

Der Schlüssel Realität

Affimiere liebevoll:
Ich bin in Avalon und Avalon ist
in mir.
Ich bin in der Christus-Zeit.
Ich bin mein Höheres Selbst.
Ich arbeite zum höchsten Wohle
Aller – sowie zu meinem höchsten
Wohle und verankere die neue
Zeit in der Welt.
Ich liebe mich selbst.
Ich liebe mich selbst.
Ich liebe mich selbst.
Ich bitte um den Schlüssel Realität
aus Avalon.
Ich bin das Höhere Selbst.

12 *Ich bin*

Die mächtige Ich bin-Präsenz, die sich nun in der Welt zum Ausdruck bringen möchte, besitzt einen Schlüssel zu ihrer Selbstermächtigung. Er lautet: Ich bin. Diese Affirmation zur Verstärkung der seelischen Präsenz in der Welt, beinhaltet das Wissen um die Vergangenheit der Seele in ihren Leben auf der Erde. Denn diese entscheidet über die Rolle, die in dieser Inkarnation ansteht, über Aufgaben, Fähigkeiten, über die Verabredungen, die auf der Seelenebene getroffen wurden.

Um Zugang zu diesem Wissen zu erlangen, müssen wir uns dem Höheren Selbst öffnen.

Wir rufen es an, indem wir affirmieren:

Ich bin die mächtige Ich bin-Präsenz.
Ich bin Liebe.
Ich bin göttlich.
Ich bin das Höchste Selbst.

Ich bitte um eine Verbindung zu meinem Höchsten Selbst.

Ich bitte, dass alle Verbindungen wieder hergestellt werden, so wie es jetzt dem höchsten Wohle aller entspricht.

Ich bitte um eine Verbindung mit Avalon.

Ich bitte um Einlass in mein hohes Bewusstsein der Einheit.

Ich bitte um die Öffnung des Tores zu meinem hohen Einheitsbewusstsein.

Ich bin.

Ich bin die mächtige Ich bin-Präsenz.

Avalon, ich rufe Dich: bitte eröffne mir den Zugang zu dem hohen Wissen.

Bitte eröffne mir den Zugang zu meinen Fähigkeiten aus dem Einheitsbewusstsein.

Ich bitte um eine Einweihung in dies hohe Einheitsbewusstsein.

Möge Gottes Wille geschehen.

Ich bin

Ich bin die mächtige Ich bin-Präsenz.
Ich bin Liebe. Ich bin göttlich.
Ich bin das Höhere Selbst. Ich bitte um eine Verbindung zu meinem Höheren Selbst.
Ich bitte, dass alle Verbindungen wieder hergestellt werden, so wie es jetzt dem höchsten Wohle aller entspricht.
Ich bitte um eine Verbindung mit Avalon. Ich bitte um Einlass in mein hohes Bewusstsein der Einheit.
Ich bitte um die Öffnung des Tores zu meinem hohen Einheitsbewusstsein.
Ich bin.
Ich bin die mächtige Ich bin-Präsenz.
Avalon, ich rufe Dich: bitte eröffne mir den Zugang zu dem hohen Wissen.
Bitte eröffne mir den Zugang zu meinen Fähigkeiten aus dem Einheitsbewusstsein.
Ich bitte um eine Einweihung in dies hohe Einheitsbewusstsein.
Möge Gottes Wille geschehen.

13 *Das Sternentor*

Sternentore sind Zugänge zu Energien, zu anderen Dimensionen des Raumes und der Zeit. Sie schwingen sehr hoch, denn diese Energien werden benötigt, um Verbindungen zu anderen Galaxien herzustellen. Auch inkarnieren Seelen über Sternenportale. Eines ist Avalon, ein weiteres befindet sich im Mittelpunkt der Erde. Dieses Portal besitzt ebenfalls eine sieben-dimensionale Schwingung und beinhaltet den Bauplan unserer Erde, aller Lebewesen auf ihr, aller Tiere, Pflanzen und der Erscheinungsformen des Menschen, die jemals hier gelebt haben. Zugang zu diesem Portal zu erhalten, bedeutet, das hohe Wissen um die Schöpfung zu integrieren. Dies Wissen versetzt uns in die Lage, die Schöpfungen, die unsere Seele in die Welt bringen möchte, zu manifestieren. Dies Potenzial bezieht sich ausschließlich auf Manifestationen, die den Aufstiegsprozess für sich und andere beinhalten, nicht auf „materielle" Wünsche.

Ich affirmiere in Liebe:

Ich bin in Avalon und Avalon ist in mir.

Ich bitte Gott Vater-Mutter um Erlaubnis, Zugang zu erhalten zu dem Schwingungsfeld Hohl-Erde.

Ich bitte um Erlaubnis, diese Energien von nun an zum höchsten Wohle aller einsetzen zu dürfen.

Ich bitte um eine Einweihung in dies hohe Energiefeld.

Ich rufe den Erzengel Metatron: Metatron, bitte zeige mir den Weg zu Hohl-Erde.

Ich rufe den Erzengel Sandalphon: Sandalphon, bitte zeige mir den Weg zu Hohl-Erde.

Ich bitte Gott Vater-Mutter um Hilfe: Bitte hilf mir, die Einweihung in die geliebte Mutter Erde, in ihr Sternenportal zu erhalten. Dein Wille geschehe und nicht meiner.

Ich danke Gott und den Erzengeln.

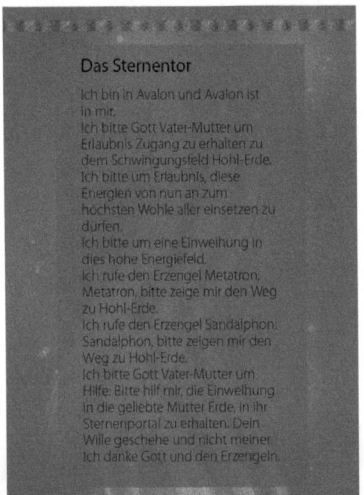

14 *Sternentor zum Aufstieg*

Neben Avalon und dem Hohl-Erde-Portal von Mutter Erde, gibt es weitere Aufstiegsenergien, die uns helfen, Heilwissen auf die Erde zu bringen, Fähigkeiten zu integrieren, die wir einst besaßen und neues Wissen für die kommende Zeit zu verankern. Dies Wissen um den Aufstiegsprozess öffnet neue Möglichkeiten und Wirkungsfelder, die sich mit dem Einheitsbewusstsein in Avalon verbinden und zu einer umfassenden energetischen Erneuerung auf dieser Erde führen werden.

Das alte Wissen, das beispielsweise auch in Ägypten gelehrt wurde und in der Ausrichtung der Pyramiden auf Orion mit der Energie der Zentralsonne verbunden wurde, kehrt nunmehr zurück: die Schwingungserhöhung der Erde ermöglicht einen beschleunigten Aufstiegsprozess sowohl für die Erde als auch seine Bewohner. Dieser Prozess kann durch unser Zutun enorm beschleunigt werden, indem wir zum höchsten Wohle aller wirken.

Ich affirmiere liebevoll und weise:

Ich bin in Avalon und Avalon ist in mir.

Das hohe Einheitsbewusstsein fließt durch mich auf diese Erde.

Ich bin ein machtvoller Lichtarbeiter, der zum höchsten Wohle aller auf Erden am Aufstiegsprozess arbeitet.

Ich bin reines Bewusstsein, reiner Geist.

Ich bin verbunden mit Avalon und der Kraft des heiligen Geistes.

Ich bin in meiner Mittte.

Ich bitte um eine Verbindung mit den Aufstiegsplaneten und Gestirnen Sirius, Orion, Neptun und den Plejaden – Serafina.

Ich bin das Höhere Selbst.

Ich bin göttlich, und ich erlaube Gott Vater-Mutter durch mich und in mir zu wirken zum höchsten Wohle aller.

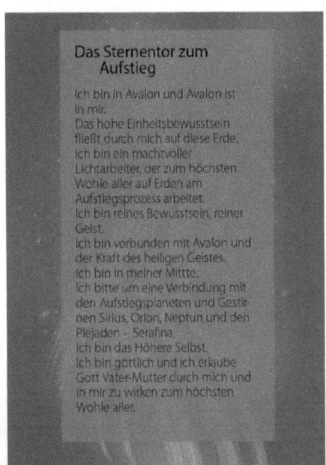

15 *Prozess des Eins-Werdens*

Wir müssen, um unsere vergangenen Leben und die karmischen Verstrickungen, die wir alle in uns tragen, zu erlösen, um Hilfe aus der göttlichen Quelle bitten. Auf die Bitte hin, öffnen sich die Zugänge zu den Stricken, die uns in niederen Schwingungen halten. Dies betrifft sogar unsere Wahrnehmung, denn diese wurde in den langen Jahren der Trennung, die wir in zahlreichen Inkarnationen erlebt haben, ebenso zersplittert. Nunmehr sind wir aufgerufen, diese Stricke zu lösen und leichter und lichter zu werden. Dies geschieht in dem Tempo, das unsere Seele gehen möchte. Darum ist es wichtig, sich die früheren Leben zwar anzuschauen, sie aber loszulassen in dem Sinne, dass die Lehren daraus gezogen wurden und die Verstrickungen erlöst.

Ich affirmiere liebevoll:

Ich bin in Avalon und Avalon ist in mir.
Ich bin Eins mit Gott, die Trennung ist eine Illusion.

Ich bitte dich, Gott Vater-Mutter, zeige mir Dein Mitgefühl.

Ich weiß, dass ich in so vielen Leben die Dunkelheit erfahren habe.

Bitte öffne mir die Tore zum Himmel.

Sha Are Ora. Sha Are Ora. Sha Are Ora.

Ich bitte Dich, Gott Vater-Mutter, erlaube mir, meine karmischen Verstrickungen in der Reihenfolge und in dem Tempo anzuschauen, wie meine Seele es wünscht.

Bitte hilf mir, die Erkenntnisse zu erlangen, die die alten Verstrickungen in der Lage sind, zu lösen.

Bitte hilf mir, zurückzukehren in mein Licht, dem Licht des Bewusstseins, das ich bin.

Denn ich bin in Avalon und Avalon ist in mir.

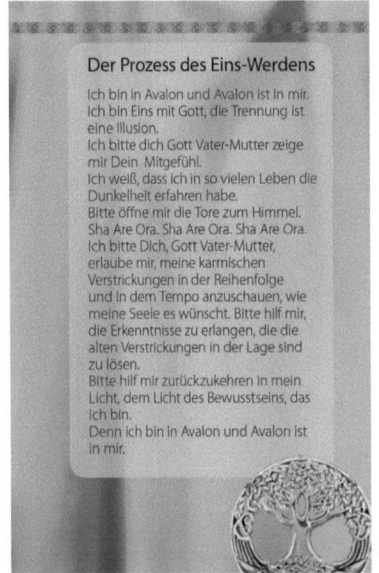

Der Prozess des Eins-Werdens

Ich bin in Avalon und Avalon ist in mir.
Ich bin Eins mit Gott, die Trennung ist eine Illusion.
Ich bitte dich Gott Vater-Mutter zeige mir Dein Mitgefühl.
Ich weiß, dass ich in so vielen Leben die Dunkelheit erfahren habe.
Bitte öffne mir die Tore zum Himmel.
Sha Are Ora. Sha Are Ora. Sha Are Ora.
Ich bitte Dich, Gott Vater-Mutter, erlaube mir, meine karmischen Verstrickungen in der Reihenfolge und in dem Tempo anzuschauen, wie meine Seele es wünscht. Bitte hilf mir, die Erkenntnisse zu erlangen, die die alten Verstrickungen in der Lage sind zu lösen.
Bitte hilf mir zurückzukehren in mein Licht, dem Licht des Bewusstseins, das ich bin.
Denn ich bin in Avalon und Avalon ist in mir.

16 *Der Erfolg*

Er stellt sich ein als eine Folge des Strebens nach dem rechten Weg, nach dem rechten Fühlen, Denken, Handeln. In der Einheit gibt es keinen Misserfolg. Auch ein scheinbarer Misserfolg ist eine Illusion. Alle Erfahrungen, die ich in meinem Körper mache, stellen einen Gewinn dar, denn die Seele trennt nicht nach gut und schlecht. Diese Bewertungen erzeugen Emotionen, die Dinge als getrennte erscheinen lassen, die doch zusammen gehören. Ich erzeuge meine Realität – ich schöpfe, bewusst oder unbewusst. Sobald ich bewusst schöpfe – und das heißt, die Ursache hinter einem scheinbaren Misserfolg begreife – kann ich bewusst denken, handeln und fühlen. Denn die Ursache, die ich setze, kehrt zu mir zurück. Energie erzeugt Energie. In positive wie negative Richtung. Und so besitze ich den Schlüssel zum Erfolg in mir: in meinem Herzen drückt sich die Folge meiner Liebe als noch mehr Liebe aus. Sende ich Liebe in die Welt und zu meinem Nächsten, erhalte ich den Segen als Folge. Dies Prinzip selbst ist unendlich liebevoll, denn es beinhaltet den freien Willen, den die Seelen besitzen und stets einsetzen, um die Erfahrungen zu machen, die sie sich wünschen. Die Seele möchte keine Erfahrungen der Dunkelheit mehr machen – und so wird sie im Aufstiegsprozess alles klären, was noch in der Dunkelheit des Bewusstsein lagert.

Ich affirmiere liebevoll:

Ich bin Liebe. Ich bin Güte. Ich bin Weisheit. Ich bin immer mit Allem was ist verbunden.
Meine Handlungen entspringen meinem hohen Bewusstsein.
Mein Denken ist bestimmt durch das hohe Bewusstsein. Mein Fühlen entspringt dem hohen Bewusstsein. Alles, was ich erzeuge, erzeuge ich bewusst.
Ich bin göttlich. Ich bin Liebe. Ich bin Schöpfer/in.
Ich bitte Gott Vater-Mutter, mich von nun an zu führen, damit ich das schöpfe, was meine Seele wünscht zu schöpfen.
Ich lege mein ganzes Sein liebevoll in Gottes Hände.

Der Erfolg

Ich bin Liebe. Ich bin Güte. Ich bin Weisheit. Ich bin immer mit Allem was ist verbunden.
Meine Handlungen entspringen meinem hohen Bewusstsein.
Mein Denken ist bestimmt durch das hohe Bewusstsein.
Mein Fühlen entspringt dem hohen Bewusstsein.
Alles, was ich erzeuge, erzeuge ich bewusst. Ich bin göttlich. Ich bin Liebe. Ich bin Schöpfer/in.
Ich bitte Gott Vater-Mutter, mich von nun an zu führen, damit ich das schöpfe, was meine Seele wünscht zu schöpfen.
Ich lege mein ganzes Sein liebevoll in Gottes Hände.

17 *Sternentor Atlantis*

In Atlantis, zu einer Zeit, in der die Seelen in Einklang miteinander auch auf der physischen Existenzebene lebten, existierte ein Kristall, der nach dem sogenannten Fall von Atlantis in Avalon aufbewahrt wurde. Dieser Kristall, der hell und klar und machtvoll die Informationen bereitstellte und die Verbindungen schuf, um zu einem erfüllten, harmonischen Leben in der Welt zu finden, ist wieder bereit zu wirken. Zahlreiche Seelen, die in Atlantis auch Macht missbraucht haben, sind heute wieder bereit, diese hohen Energien wirken zu lassen – und damit die neue Zeit vorzubereiten. Sie tragen Verantwortung, denn diese Energien ermöglichen bei anderen wahre Veränderungsprozesse, die für das eigene Leben große Konsequenzen haben. Diese Macht kann in dieser Zeit nicht missbraucht werden, vielmehr sind diejenigen aufgerufen, sie einzusetzen, um möglichst vielen die neuen bewussten Qualitäten dieser besonderen Zeit zu vermitteln.

In Schlüsselpositionen der Gesellschaft werden Seelen wirken, um die alten Strukturen aufzulösen. Atlantische Energien spielen eine große Rolle hierbei.

Ich affirmiere liebevoll:

Ich bin in Avalon und Avalon ist in mir.
Ich bitte um eine Verbindung zu dem Kristall von Atlantis.
Ich bitte die Hohen Priesterinnen und die Hohen Priester von Atlantis, die hohen Energien in mir zu verankern, die nun wieder wirken dürfen.
Es möge das Beste zum höchsten Wohle aller geschehen.
Ich bitte um eine Verbindung mit meinem lemurischen Kristall.
Kodoish Kodoish Kodoish Adonai `Tsebayoth,
Kodoish Kodoish Kodoish Adonai `Tsebayoth,
Kodoish Kodoish Kodoish Adonai `Tsebayoth,
Lay-U-Esh Shekina,
Lay-U-Esh Shekina,
Lay-U-Esh Shekina,

Ehyeh Asher Ehyeh,
Ehyeh Asher Ehyeh,
Ehyeh Asher Ehyeh.
Das Beste zum höchsten Wohle aller ist geschehen.
So sei es.

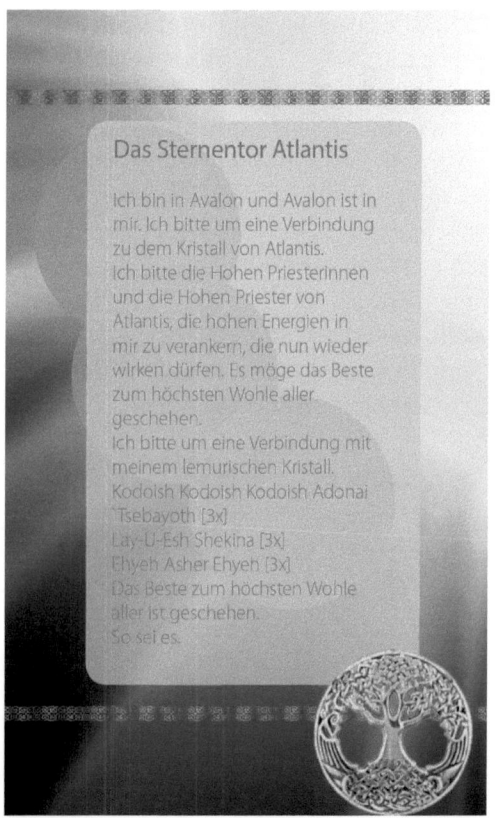

Das Sternentor Atlantis

Ich bin in Avalon und Avalon ist in
mir. Ich bitte um eine Verbindung
zu dem Kristall von Atlantis.
Ich bitte die Hohen Priesterinnen
und die Hohen Priester von
Atlantis, die hohen Energien in
mir zu verankern, die nun wieder
wirken dürfen. Es möge das Beste
zum höchsten Wohle aller
geschehen.
Ich bitte um eine Verbindung mit
meinem lemurischen Kristall.
Kodoish Kodoish Kodoish Adonai
Tsebayoth [3x]
Lay-U-Esh Shekina [3x]
Ehyeh Asher Ehyeh [3x]
Das Beste zum höchsten Wohle
aller ist geschehen.
So sei es.

18 *Sternentor Lemurien*

Lemurien, die goldene Zeit vor Atlantis, die so viele Seelen erlebt haben, wird wieder auferstehen in neuer Form. Daran arbeiten wir als Lichtarbeiter der neuen Zeit. Die lemurischen Energien sind sehr hoch, denn die Kristalle, die die Seele einst mit den Informationen für ihren Rückweg ins Licht der Einheit auf der Erde installierte, zünden gleich mehrere Stufen dieses Erkenntnisprozesses. Dieser führt über die Herzensliebe zu den Auflösungsprozessen, die wir als Aufstieg bezeichnen. Die Energien, die dabei eine Auflösung erfahren, sind zum Teil sehr hartnäckig. Umso wichtiger ist eine Entwicklung der Seele, die in ihrem Tempo erfolgt. Ziehst Du diese Karte, ist also die Seele bereit, sich weiter auf Ihren Rückweg vorzubereiten. Du wirst spüren, dass die Energien hoch sein werden, die durch folgende Affirmationen zum Tragen kommen, so die Seele bereit dazu ist:

Ich bin in Avalon und Avalon ist in mir.

Ich bitte um eine Verbindung mit meinen lemuri-schen Kristallen.
Kodoish Kodoish Kodoish Adonai `Tsebayoth,
Kodoish Kodoish Kodoish Adonai `Tsebayoth,
Kodoish Kodoish Kodoish Adonai `Tsebayoth,
Lay-U-Esh Shekina,
Lay-U-Esh Shekina,
Lay-U-Esh Shekina,
Ehyeh Asher Ehyeh,
Ehyeh Asher Ehyeh,
Ehyeh Asher Ehyeh.

Ich bitte um eine Verbindung mit der Kraft der Ein-heit in Avalon.
Ich bitte darum, dass alles zum höchsten Wohle aller gefügt wird.
Ich bitte Gott Vater-Mutter: Zeige mir den Weg zu meinem hohen Licht, das ich einst zurückließ.
Bitte zeige mir den Weg zu meinen lemurischen Kristallen.
Kodoish Kodoish Kodoish Adonai `Tsebayoth,
Kodoish Kodoish Kodoish Adonai `Tsebayoth,

Kodoish Kodoish Kodoish Adonai `Tsebayoth,
Lay-U-Esh Shekina,
Lay-U-Esh Shekina,
Lay-U-Esh Shekina,
Ehyeh Asher Ehyeh,
Ehyeh Asher Ehyeh,
Ehyeh Asher Ehyeh.
Ich bin Gott in Dienst auf Erden.
Ich bin Gott in Dienst auf Erden.
Ich bin Gott in Dienst auf Erden.

Das Sternentor Lemurien

Ich bin in Avalon und Avalon ist in
mir. Ich bitte um eine Verbindung
mit meinen lemurischen Kristallen.
Kodoish Kodoish Kodoish Adonai
`Tsebayoth [3x]
Lay-U-Esh Shekina [3x]
Ehyeh Asher Ehyeh [3x]
Ich bitte um eine Verbindung mit
der Kraft der Einheit in Avalon.
Ich bitte darum, dass alles zum
höchsten Wohle aller gefügt wird.
Ich bitte Gott Vater-Mutter: Zeige
mir den Weg zu meinem hohen
Licht, das ich einst zurückließ.
Bitte zeige mir den Weg zu
meinen lemurischen Kristallen.
Kodoish Kodoish Kodoish Adonai
`Tsebayoth [3x]
Lay-U-Esh Shekina [3x]
Ehyeh Asher Ehyeh [3x]
Ich bin Gott in Dienst auf Erden
[3x]

19 *Metatrons Würfel*

Dieser Würfel, der eine enorme Schwingung besitzt, verbindet uns mit dem Wissen um die Einheit und um die Geheimnisse des Leben. Alle Schöpfung, die in dem Universum existiert, ist aus den heiligen Geometrien aufgebaut. Sobald ich eine Verbindung mit den zwölf Teilen meines Höheren Selbstes, den zwölf Seelen erlangt habe, bin ich bereit, auch den dreizehnten Teil, das Höhere Selbst – oder die Einheit – wieder zu integrieren. Die Frucht des Lebens, die dreizehn Kreise in Metatrons Würfel, symbolisieren diese Einheit, die durch die verschiedenen Energielinien=Erfahrungen miteinander verbunden sind. Öffne ich mich der Erfahrung der Einheit mit Allem was ist, öffnet sich mir die Weisheit des Lebens selbst – denn sie ist in der harmonischen Einheit der Teile zu einem ganzen encodiert. Begreife ich, dass die Trennung eine Illusion ist, stellt sich mir die Einheit als normaler Zustand dar.

Dies gilt auf allen Ebenen des Seins. Ich erlange die Erkenntnis und das tiefe Wissen um diese Zusammenhänge, indem ich liebevoll affirmiere:

Ich bin in Avalon und Avalon ist in mir.
Ich bitte Dich Erzengel Metatron, offenbare mir Deine Weisheit.
Bitte offenbare mir die Erkenntnis der Einheit.
Bitte verbinde mich mit Deinem Würfel, dem Würfel Metatrons.
Bitte verbinde mich mit den heiligen Geometrien.
Bitte erlaube mir, von nun an, in dem hohen Bewusstsein der Einheit, harmonisch und zum höchsten Wohle aller zu wirken.
Bitte erlaube mir, mich ganz einzustimmen auf die Erfahrung des Würfels, seiner Weise zu wirken, zu verbinden, zu verfahren.
Bitte zeige mir die Einheit in der Vielheit.
Bitte offenbare mir das Geheimnis des Seins meiner Seele. Bitte zeige mir, wie ich dienen kann.
Bitte zeige mir, wie ich zum höchsten Wohle aller mein Wissen in die Welt tragen kann und wirke.

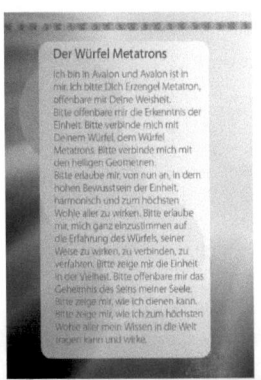

20 *Die Erzengel*

Die Erzengel unterstützen unseren Aufstiegsprozess. Sie helfen uns bei unseren Aufgaben in der Welt, indem sie uns Führung, Unterstützung für Lösungen von Lernaufgaben und Hilfe bei der spirituellen Betrachtungsweise unseres Lebens geben. Neben den Energien der einzelnen Erzengelkräfte, die bestimmten Themen zugeordnet sind, wie beispielsweise der bekannte Erzengel Michael Kraft und Mut verleihen kann und Verstrickungen und Anhaftungen klärt, arbeiten die Erzengel stets aus reiner Liebe zu Gott Vater-Mutter. Sobald wir uns dem Weg unserer Seele öffnen, werden uns diese hohen Engel unterstützen durch Anrufung. Dies kann ganz informell geschehen. Sie respektieren unseren freien Willen. So sind wir aufgefordert, sie um ihre Hilfe zu bitten. *Wir tun dies, indem wir liebevoll affirmieren:*

Ich bin in Avalon und Avalon ist in mir.
Ich rufe die Erzengel, die mir in dieser Situation helfen möchten.

Ich bitte Euch, zu meinem höchsten Wohle zu wirken und mich auf meinem Weg zu unterstützen.

Ich bitte Euch, schenkt mir Erkenntnis, worin dieser Weg liegt.

Bitte helft mir zu verstehen, worin meine Aufgabe besteht.

Bitte sendet hohe Energien der Liebe in Situationen, in denen ich unter Zweifel und Ängsten leide.

Bitte erlaubt mir, Eure Hilfe zu spüren, bitte erlaubt mir, Euch wahrzunehmen.

Bitte unterstützt mich auf meinem Weg meiner Seele.

Bitte zeigt mir, was ich tun kann, damit dieser Weg zurück in die Einheit des Bewusstseins führt.

Bitte helft mir zu manifestieren, was meine Seele zu manifestieren wünscht – am heutigen Tag, in der heutigen Woche, in diesem Jahr und in meinem Leben hier auf Erden.

Ich danke Euch von Herzen.

Möge Euer Wille und der Wille Gottes geschehen.

21 *Naturwesen*

Die Druiden wussten um die Zusammenhänge zwischen dem Leben der Pflanzen und dem Leben der Menschen. Heilkräfte, die eine Pflanze besitzt, konnte durch Kontakt mit den Naturwesen erfahrbar gemacht werden. Diese empathischen Fähigkeiten verankerten die Druiden in ihren Schülern durch Meditation und Versenkung in den heiligen Hainen, den Kraftorten der Natur. In der heutigen Zeit, in der so viele Orte denaturiert sind, und auch die Energien nicht immer hoch sind in der Natur, teils durch karmische Ursachen, teils durch die intensive Nutzung und Bewirtschaftung von ehemals natürlichen Flächen, stellen Rückzugsräume in die Natur eher die Besonderheit für uns Menschen dar, als die Regel. Die Verbundenheit zur Natur und ihrer Schönheit, gehört zur Seele, wie die Luft zum Atmen. Diese Verbundenheit stellen wir heute nicht nur in der Natur selbst her sondern auch durch folgende Affirmation:

Ich bin in Avalon und Avalon ist in mir.

Ich bin die Seele, ich bin Schöpfer/in, ich bin verbunden mit Allem was ist.

Geliebte Naturwesen, ich bitte Euch, zeigt Euch mir als das was Ihr seid: Engel auf Mutter Erde zum Schutze der Pflanzen und der Natur.

Bitte zeigt mir, was ich tun kann, um Euch zu helfen.

Bitte zeigt mir, welche Orte geklärt werden müssen.

Bitte helft mir, Zugang zur Natur zu finden.

Bitte helft mir, Euch zu verstehen und Eure Präsenz wahrzunehmen.

Bitte helft mir, die innere Stille zu finden, die den Zugang zu den heiligen Hainen schafft.

Bitte helft mir, die Stimme Gottes in Euch zu hören.

Bitte helft mir, Mutter Natur zu verstehen und ihr zu lauschen.

Bittte helft mir, auf meinem Weg die Verbundenheit mit Euch, mit Allem was ist, mit Mutter Natur und Mutter Erde zu fühlen.

Ich bin.

Ich bin.

Ich bin.

Die Naturwesen

Ich bin in Avalon und Avalon ist in mir. Ich bin die Seele, ich bin Schöpfer/in, ich bin verbunden mit Allem was ist. Geliebte Naturwesen, ich bitte Euch, zeigt Euch mir als das was Ihr seid: Engel auf Mutter Erde zum Schutze der Pflanzen und der Natur. Bitte zeigt mir, was ich tun kann, um Euch zu helfen.

Bitte zeigt mir, welche Orte geklärt werden müssen. Bitte helft mir, Zugang zur Natur zu finden. Bitte helft mir, Euch zu verstehen und Eure Präsenz wahrzunehmen. Bitte helft mir, die innere Stille zu finden, die den Zugang zu den heiligen Hainen schafft. Bitte helft mir, die Stimme Gottes in Euch zu hören. Bitte helft mir, Mutter Natur zu verstehen und ihr zu lauschen. [...siehe Buch.] Ich bin.

22 *Channeling*

Dies Karte hast Du gezogen, um die Verbindung mit dem Höchsten Selbst, Deiner Seele und den aufgestiegenen Meistern herzustellen. Wenn Du bereits „channelst", und das heißt, Dich in Deinem Kanal mit der lichtvollen geistigen Welt verbindest, und Botschaften, die Deinen Seelenweg betreffen, hörst, dann ist dies eine Aufforderung, nun ein Channeling durchzuführen. Lasse Dich von der göttlichen Quelle führen und Du wirst die Informationen erhalten, die Dir in dieser Situation weiterhelfen:

Sprich bitte liebevoll:

Ich bin der Kanal.
Ich bin in meinen Chakren und kosmischen Toren.
Ich bin in Avalon und Avalon ist in mir.
Ich bin Gott selber.
Ich bin verbunden mit meinem Seelenverschmelzungspunkt, meinem tiefsten Chakra.

Ich bin verbunden mit meinem Erdenstern, mit meinem Seelenstern.

Ich öffne mich durch die Zentralsonne Helios und Vesta in die göttliche Quelle.

Meine Channelings sind rein und ich channele nur mit der lichtvollen geistigen Welt, der göttlichen Quelle und Urquelle, den aufgestiegenen Meistern, den Engel- und Erzengelkräften.

Bedanke Dich nach dem Channeling für die Informationen, die Du erhalten hast bei der göttlichen Quelle, bei allen Beteiligten, bei Deinem Höheren Selbst, Deiner Seele, Deinem inneren Kind. Falls Du noch keine oder kaum Erfahrungen mit dem Channeln hast, wäre es gut, Dich bald auch damit zu beschäftigen. Während eines Channeling-Workshops erlangst Du die Fähigkeit, Dich mit der göttlichen Quelle in Dir zurück zu verbinden, und Du klärst und weitest Deinen Kanal während solch einer Ausbildung. Dies ist wichtig, denn die Verbindung zur göttlichen Quelle ist zwar nie getrennt; wenn Du aber reine Channelings erhalten möchtest, ist es wichtig, „geklärt" zu sein. Du findest Ausbilderinnen und Ausbilder, die Dir den Weg weisen, durch die Öffnung Deiner Seele für diese Fähigkeit. Bitte lasse Dich von Deiner Seele führen bei der Wahl Deiner Ausbilder.

Channeling

Ich bin der Kanal. Ich bin in meinen Chakren und kosmischen Toren. Ich bin in Avalon und Avalon ist in mir. Ich bin ein göttlicher Teil der Schöpfung.
Ich bin verbunden mit meinem Seelenverschmelzungspunkt, meinem tiefsten Chakra.
Ich bin verbunden mit meinem Erdenstern, mit meinem Seelenstern.
Ich öffne mich durch die Zentralsonne Helios und Vesta in die göttliche Quelle.
Meine Channelings sind rein und ich channele nur mit der lichtvollen geistigen Welt, der göttlichen Quelle, den aufgestiegenen Meistern, den Engel- und Erzengelkräften. [Bitte auch die Hinweise im Buch lesen].

23 *Geistige Gesetze*

Die geistigen Gesetze beinhalten, neben den sieben kosmischen, vor allem die Art der Anwendung des seelischen Wissens: dieses in die Welt zu bringen, kann nur in der Reinheit der Absicht geschehen. Denn sobald ich nicht zum höchsten Wohle aller handele, erzeuge ich Karma. Um dies zu vermeiden, helfen die geistigen Gesetze, nach denen die Seelen handeln und die durch den Fall aus der Einheit „versiegelt" wurden. Auf der Seelenebene gelten sie unabdingbar, auf der weltlichen können sie wieder ihre Geltung erlangen, sobald ich darum bitte, die Siegel zu öffnen. Manche bezeichnen die geistigen Gesetze und die dazugehörigen Schlösser auch als Jesus Schlösser – und bringen damit zum Ausdruck, dass der aufgestiegene Meister Jesus Christus, oder Jesus Sananda, diese Regeln einst lehrte. Auch wir können und dürfen um die Öffnung der Jesus-Schlösser bitten und erlangen so wieder das Gleichgewicht, das in den Gesetzen zum Ausdruck gebracht wird.

1 *Das Gesetz der Anziehung*
Das Gesetz der Anziehung gibt uns immer das zurück, was wir ausstrahlen. Wir bestimmen somit unsere Realität. Das Leben ist ein Spiegel. Lach hinein und es lacht zurück.

2 *Das Gesetz der Liebe*
Die Liebe ist das Grundgesetz der einen Kraft. Wenn man gelernt hat zu lieben und das mit der Weisheit verbindet, ist man vollkommen.

3 *Das Gesetz der Selbstliebe*
Erkenne dies bitte als altes und neues Naturgesetz an. Es ist das Gegenteil des alten Gesetzes eines männlichen Gottesbildes, das unwahr ist.

4 *Das Gesetz der Akzeptanz*
Jeder Augenblick ist genau so, wie er sein sollte. Übernehme die Verantwortung.

5 *Das Gesetz der Eigenakzeptanz*
Jemand, der klar weiß und akzeptiert, wer und was

er wirklich ist, steht einfach zu sich, mit all seinen Stärken und Schwächen. Derjenige braucht keine Bestätigung für sein Selbst. Das läßt ihn frei sein. Er kennt sich selbst, weiß und liebt in Form der Akzeptanz dieses Seins.

6 Das Gesetz der Angst
Eine Portion gesunde Angst gehört zu unserem Leben wie die Luft zum Atmen. Sie schärft unsere Aufmerksamkeit für potenzielle Gefahren. Wir sind gut beraten, unsere Ängste und Befürchtungen ernst zu nehmen.

7 Das Gesetz der Furcht
Erkenne, dass die Furcht keine Motivation für gutes Handeln ist.

8 Das Gesetz der Freude
Das Gesetz der Freude besagt, dass wir in jedem Augenblick unseres Lebens das Recht haben uns zu freuen. Nichts und niemand kann uns diese Freude nehmen.

9 *Das Gesetz der Harmonie*
Dieses Gesetz gleicht die verschiedenartigen Wirkungen aus und sorgt dafür, daß die Harmonie stets erhalten bleibt.

10 *Das Gesetz der Verstrickung*
Hier geht es um die Aufgaben der Seele im irdischen Leben bis zur Befreiung von irdischen Konflikten durch Erkenntnis.

11 *Das Gesetz der Verzweiflung*
Die Verzweiflung an sich führt den Menschen in die falsche Richtung. Das Gesetz hilft dem Menschen, den Lichtweg seiner Seele zu gehen.

12 *Das Gesetz der Selbstzweifel*
Um unsere Selbstzweifel zu überwinden, müssen wir unsere Verletzlichkeit akzeptieren, aber dennoch selbstsicher handeln.

13 *Das Gesetz der Trauer*
Man sieht die Blumen welken und die Blätter fallen,

aber man sieht auch Früchte reifen und neue Knospen keimen.

14 *Das Gesetz des Tröstens*
Es gibt kein Gesetz, das verbietet glücklich zu sein. Eure Sorgen oder Freuden, versucht sie zu trösten oder freut Euch mit ihnen.

15 *Das Gesetz der Weisheit*
Erleben, dass wir in Herz und Geist heilen und uns dem Leben öffnen.

16 *Das Gesetz des Friedens*
Frieden kann man nicht erkämpfen. Die Freiheit hilft, wirklich ich selbst zu sein.

17 *Das Gesetz der Intuition*
Wir können nur mit unserer eigenen Quelle der Intuition in Berührung kommen, wenn unser Identitäts- und Selbstwertgefühl nicht mehr von den Ansichten anderer abhängt.

18 *Das Gesetz der Tierliebe*
Das Gesetz dient dem Schutz des Lebens und des Wohlbefindens der Tiere.

19 *Das Gesetz der bedingungslosen Liebe*
Nur die bedingungslose Liebe ist wahre Liebe. Nur die bedingungslose Liebe ist wirklich frei.

20 *Das Gesetz der Liebe zur Natur*
Rückkehr zur Natur, Annährung an die Natur, Liebe zur Natur, Naturfreiheit.

21 *Das Gesetz der Nächstenliebe*
Der Mensch beginnt, sobald er realisiert, dass alle Lebewesen eins sind, nach dem Gesetz der Nächstenliebe zu handeln.

22 *Das Gesetz der Heilung*
Heilung auf allen Ebenen geschieht durch ein harmonisches Zusammenwirken von Körper, Geist und Seele.

23 *Das Gesetz der Arbeit*
Dieses Gesetz dient zur Förderung und Pflege der Arbeit, und zur Steigerung der Arbeitsproduktivität.

24 *Das Gesetz der Freizeit*
Jeder hat ein Recht auf Freizeit. Freizeit und Arbeit sollten im Gleichgewicht sein.

25 *Das Gesetz von Geben und Nehmen*
Geben und Nehmen sollte im Gleichgewicht sein.

26 *Das Gesetz der Gleichheit*
Alle Wesenheiten sind gleich.

27 *Das Gesetz der Ruhe*
Alle Wesen haben ein Anrecht auf Ruhe.

28 *Das Gesetz der Gelassenheit*
Weises Abwägen der Handlungen nach Ursache und Wirkung.

29 *Das Gesetz der Ausgeglichenheit*
Hier ist die Interaktion der Urkräfte Yin und Yang maßgeblich.

30 *Das Gesetz der Töne*
Die Töne bringen gerade das Gesetz der Töne und nicht sich selbst zum Vernehmen.

31 *Das Gesetz der Freiheit*
Alle Wesenheiten haben ein Recht auf Freiheit.

32 *Das Gesetz des Zusammenlebens*
Ehre und respektiere deinen Nächsten wie dich selbst.

33 *Das Gesetz des Todes*
Das Lebensende akzeptieren.

Affirmiere liebevoll:

Ich bin in Avalon und Avalon ist in mir.
Ich bitte um die Öffnung der 33 Jesus-Schlösser.
Gott Vater-Mutter, Dein Wille geschehe.
Ich bitte, dass alles zum höchsten Wohle aller gefügt wird.
Ich bin das göttliche Selbst.
Ich bin in meiner Mitte.
Ich bin Liebe.
Jesus Sananda, ich bitte Dich, hilf mir bei dem Erkennen meiner eigenen göttlichen Existenz und der Liebe, aus der ich entstamme, und die ich bin.
Jesus, ich danke Dir.
Es möge Gottes Wille geschehen und nicht meiner.

Die geistigen Gesetze

Ich bin in Avalon und Avalon ist in mir.
Ich bitte um die Öffnung der 33 Jesus-Schlösser.
Gott Vater-Mutter, Dein Wille geschehe. Ich bitte, dass alles zum höchsten Wohle aller gefügt wird.
Ich bin das göttliche Selbst.
Ich bin in meiner Mitte.
Ich bin Liebe.
Jesus Sananda, ich bitte Dich, hilf mir bei dem Erkennen meiner eigenen göttlichen Existenz und der Liebe, aus der ich entstamme und die ich bin.
Jesus, ich danke Dir. Es möge Gottes Wille geschehen und nicht meiner.

24 *Die Freude*

Wenn diese Karte auftaucht, ist es Zeit, Dich selbst wieder mit den Augen der Liebe Gottes zu betrachten. Er/Sie hat Dich geschaffen als Freude, die in die Welten hinaus erstrahlen möchte. Sein/Ihr Werk ist als Freude gedacht – und es ist eine Freude, sich der Seele wieder zu öffnen und ihr Licht mit den anderen Seelen zu teilen. Freude entspringt einer tiefen Verbundenheit mit dem Leben, mit der Existenz als körperlich empfindendes Wesen auf diesem Planeten. In keiner Existenzform ist die Freude stärker präsent als in der Liebe Gottes. Diese Freude, aus der wir entspringen, möchte wieder zur Schönheit der Welt und der Gewissheit der Geborgenheit in Gottes Armen, erstrahlen.

Du affirmierst in Liebe:

Ich bin Freude.
Freude ist in mir.

Freude ist Ausdruck meiner göttlichen Existenz in der Welt.

Oben wie unten: Freude herrscht auf allen Ebenen meines Seins.

Entdecke ich etwas, das mir große Sorgen bereitet, gebe ich diese Sorgen zurück in die Schöpfung und bitte die Engel, diese Schwere aus meinem Aurakörper zu entfernen.

Ich bin vom Licht und ich bin im Licht.

Ich bin Liebe, ich bin Wille, ich bin geisterschaffen, und ich manifestiere aus dem Geiste jetzt.

Die Freude

Ich bin Freude.
Freude ist in mir.
Freude ist Ausdruck meiner göttlichen Existenz in der Welt.
Oben wie unten: Freude herrscht auf allen Ebenen meines Seins.
Entdecke ich etwas, das mir große Sorgen bereitet, gebe ich diese Sorgen zurück in die Schöpfung und bitte die Engel, diese Schwere aus meinem Aurakörper zu entfernen.
Ich bin vom Licht und ich bin im Licht.
Ich bin Liebe, ich bin Wille, ich bin geisterschaffen, und ich manifestiere aus dem Geiste jetzt.

---

25 Die Elemente

Eine Karte, die den Elementen wie Wasser, Feuer, Erde, Luft zugeordnet ist, zeigt an, dass die Verbindung zu Mutter Erde gesucht werden sollte. Sobald wir geerdet sind, steigt in uns ein Gefühl der tiefen Sicherheit auf: alles, was geschieht, geschieht aus einem Grund. Alles, was geschieht, hat eine Ursache. Ich liebe mich trotzdem. Denn so bin ich gemeint. Mutter Erde trägt mich. Die Elemente, die so symbolisch für unsere inneren Landschaften stehen – Wasser für Emotionen, Feuer für die Leidenschaft, Luft für die Kommunikation, Erde für die materielle Existenz, sie tragen zu unserem Wohlbefinden bei. Im Wasser bringe ich meine Seele zur Klarheit, im Feuer entsteht mein Licht und durchbricht die Dunkelheit, in der Luft schwebt die Seele leicht wie eine Feder und träumt ihre Gedanken, auf der Erde steht die Seele fest und trotzt den Bewegungen, sie wurzelt tief in der Erde, dem Planeten, der so unvergleichlich schön ist in diesem Universum. Dieses Juwel möchte von uns belebt werden, beschützt und als das begriffen, was es ist: ein Raum, ein Ort, an dem wir seelische Erfahrungen machen dürfen. Ein Geschenk Gottes. Die Verbundenheit mit und die Annahme dieses Geschenkes bedeutet, sich mit der Mutter Erde zu versöhnen.

Du affirmierst liebevoll:

Ich bitte Dich, geliebte Mutter Erde, Lady Gaia, bitte vergib mir mein Karma, das ich mit Dir erzeugt habe. Bitte vergib mir meine Unachtsamkeit im Umgang mit Dir – sei es in diesem Leben oder einem anderen.
Ich bitte Dich, lass mich Deinen Atem spüren, lass mich fühlen, wie Du mich trägst.
Eröffne mir die Möglichkeit, Deinem Licht zu dienen.
Bitte Mutter Erde, Lady Gaia, erzeuge die Energien, die meine Seele tragen auf Dir.

Die Elemente

Ich bitte Dich, geliebte Mutter Erde, Lady Gaia, bitte vergib mir mein Karma, das ich mit Dir erzeugt habe.
Bitte vergib mir meine Unachtsamkeit im Umgang mit Dir – sei es in diesem Leben oder einem anderen.
Ich bitte Dich, lass mich Deinen Atem spüren, lass mich fühlen, wie Du mich trägst.
Eröffne mir die Möglichkeit, Deinem Licht zu dienen.
Bitte Mutter Erde, Lady Gaia, erzeuge die Energien, die meine Seele tragen auf Dir.

26 *Kristalle*

Kristalle, die auf der ätherischen Ebene stets ein-gesetzt werden und Energien, Informationen und Liebe übertragen, besitzen bestimmte Farben und Schwingungen. Fast könnte eine kristalline Beschaf-fenheit unserer spirituellen Fähigkeiten vermutet werden. So entsteht während des Aufstiegsprozes-ses die Integration verschiedener Kristalle, die un-terschiedliche Fähigkeiten beinhalten. Fähigkeiten, wie wir sie in Atlantis einsetzten, beispielsweise. Die Kristalle aus Atlantis, die durch Machtmissbrauch zerstört wurden, tragen wir entweder noch in uns; sie warten dann auf ihre Wiederherstellung, oder sie dürfen uns nach und nach eingesetzt werden und dienen unserem Licht. Die Kristalle sollten stets dann wieder ihre Arbeit aufnehmen, sobald wir wichtige Bewusstseinsprozesse bereits absolviert haben. Dennoch kann eine Verbindung mit Kristallenergien heilen.

Wir verbinden uns in folgender Affirmation mit den Kristallen aus Atlantis, die entweder noch in uns schlummern oder die uns nach und nach wieder zur Verfügung stehen.

Du affirmierst liebevoll:

Ich bin in Avalon und Avalon ist in mir.
Ich bin verbunden mit der göttlichen Quelle, die ich in Wahrheit bin, mit dem Potenzial meines Höchsten Selbstes und mit der Kraft des hohen Einheitsbewusstseins aus Avalon.
Ich bitte um die Wiederherstellung der Kristalle von Atlantis in meinen Lichtkörpern, so wie es jetzt in der göttlichen Ordnung ist. Ich bitte, dass nur das geschehe, was in der göttlichen Ordnung ist.
Ich bitte Erzengel Michael, die karmischen Verstrickungen, die mit diesen Kristallen verbunden sind zu lösen und mich von meinem Karma zu befreien, so wie es nun erlaubt und in der göttlichen Ordnung ist.
Ich bitte Erzengel Michael, die Kristalle aus Atlantis zu aktiveren, die wieder aktiviert werden dürfen.
Möge Gottes Wille geschehen und nicht meiner.

Kristalle

Ich bin in Avalon und Avalon ist in mir. Ich bin verbunden mit der göttlichen Quelle, mit dem Potenzial meines Höheren Selbstes und mit der Kraft des hohen Einheitsbewusstseins aus Avalon. Ich bitte um die Wiederherstellung der Kristalle von Atlantis in meinen Lichtkörpern, so wie es jetzt in der göttlichen Ordnung ist. Ich bitte, dass nur das geschehe, was in der göttlichen Ordnung ist.
Ich bitte Erzengel Michael, die karmischen Verstrickungen, die mit diesen Kristallen verbunden sind zu lösen und mich von meinem Karma zu befreien, so wie es nun erlaubt und in der göttlichen Ordnung ist.
Ich bitte Erzengel Michael, die Kristalle aus Atlantis zu aktiveren, die wieder aktiviert werden dürfen.
Möge Gottes Wille geschehen und nicht meiner.

27 Pyramidenwissen

Die Pyramiden bestehen aus der heiligen geometrischen Form und weisen die Richtung zu den höheren Ebenen oder von ihnen herab zu uns. Bekannt ist die Merkaba als ineinander geschachtelte pyramidische Energieform, die dazu dient, Energien zu lenken und zu schützen. Das alte Wissen, das nun wieder in die Welt kommen darf, beinhaltet den Umgang mit diesen geometrischen Formen zwecks Lenkung von Energien. Das bedeutet, sobald unserer Fähigkeiten weit genug entwickelt sind, werden wir durch die Verbindung mit dem Pyramidenwissen eine energetische Arbeit verrichten können, die hohe Energien in Räume, zu Menschen und zu Orten auf der Welt lenkt. Dieses hohe Wissen, das einst den Eingeweihten vorbehalten war, kehrt nun zurück, um zum höchsten Wohle aller dienlich zu sein und die neue Zeit beschleunigt einzuläuten.

Affirmiere liebevoll:

Ich bin in Avalon und Avalon ist in mir.

Ich bitte um eine Verbindung zu den heiligen Geometrien.

Ich bitte um eine Verbindung zu dem Pyramidenwissen.

Ich bitte Erzengel Metatron nun meine Merkaba zum Schwingen zu bringen und in mir das Bewusstsein zu erzeugen, das nötig ist, um dieses Wissen zur Anwendung zu bringen.

Möge Gottes Wille geschehen und nicht meiner.

Pyramidenwissen

Ich bin in Avalon und Avalon ist in mir.
Ich bitte um eine Verbindung zu den heiligen Geometrien.
Ich bitte um eine Verbindung zu dem Pyramidenwissen.
Ich bitte Erzengel Metatron nun meine Merkaba zum Schwingen zu bringen und in mir das Bewusstsein zu erzeugen, das nötig ist, um dieses Wissen zur Anwendung zu bringen.
Möge Gottes Wille geschehen und nicht meiner.

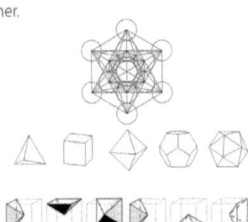

28 *Die kosmischen Gesetze*

Die bekannten sieben kosmischen Gesetze be-
sagen, dass wir durch die Beachtung dieser Ge-
setzmäßigkeiten zu einem ausgewogenen Leben
gelangen. Ausgewogenheit ist auf der Erde, dem
Planeten, auf dem wir die Polarität erleben und
erfahren wolle, eine Herausforderung. Dieses Herausforderung besteht vor allem darin, kein Karma
(mehr) zu erzeugen. Karma, das Gesetz von Ursache
und Wirkung besagt, dass alles zu uns zurückkehrt,
das wir aussenden – ob Gutes oder Schlechtes spielt
keine Rolle. Die gleiche Menge an Energien, die wir
aussenden, kehrt nicht unbedingt von der gleichen
Person, an die wir diese Energie gesendet haben,
zurück. Vielmehr haben wir in vielen Leben genug
Verstrickungen erzeugt, die dazu führen, dass wir
andere Seelen finden, die uns diese Energien aus-
gleichen. Dennoch besteht Grund zur Freude für
die Seelen, denn sie müssen in der neuen Zeit ihr
Karma nicht mehr auf der 3-dimensionalen Ebene
auflösen sondern dürfen dies auf der Seelenebene.

Dies stellt vor allem deshalb ein Geschenk dar, das im Grunde zu allen Zeiten galt, weil nun mehr und mehr Menschen „erwachen". Wie löse ich mein Karma mit anderen?

Dazu affirmiere ich liebevoll:

Ich bin in Avalon und Avalon ist in mir.
Ich bitte Gott um Gnade für mein Karma.
Bitte Gott Vater-Mutter, zeige mir, welche karmischen Felder und Ursachen in meinem Leben vorhanden sind und Leid verursachen.
Bitte eröffne mir die Möglichkeit, mein Karma auf der Seelenebene zu erlösen.
Bitte zeige mir den Weg.
Ich bitte den Erzengel Michael, mich zu den Karma-Engeln zu begleiten und mein Karma auszugleichen.
Bitte löse alle Verstrickungen, die dadurch entstanden sind.
In Liebe danke ich Dir.

Die kosmischen Gesetze

Ich bin in Avalon und Avalon ist in mir.
Ich bitte Gott um Gnade für mein Karma.
Bitte Gott Vater-Mutter, zeige mir, welche karmischen Felder und Ursachen in meinem Leben vorhanden sind und Leid verursachen.
Bitte eröffne mir die Möglichkeit, mein Karma auf der Seelenebene zu erlösen. Bitte zeige mir den Weg.
Ich bitte den Erzengel Michael, mich zu den Karma-Engeln zu begleiten und mein Karma auszugleichen.
Bitte löse alle Verstrickungen, die dadurch entstanden sind.
In Liebe danke ich Dir.

29 *Energieversöhnung*

Die machtvolle Arbeit der Energieversöhnung knüpft an die Karma-Auflösung an [Karte 28: *Die kosmischen Gesetze*]. In der Energieversöhnung geschieht ein Austausch von Energien auf der Seelenebene zwischen einer oder mehrerer Seelen, die karmische Altlasten auf diese Weise lösen können aber auch die Fähigkeiten austauschen, die sie einst füreinander aufbewahrten. Energieversöhnung bedeutet stets etwas Positives. Denn die Verstrickungen führen auf der Ebene der Realität unserer Welt zu Streit, zu Konflikten, zu Auseinandersetzungen, die nur durch eine Energieversöhnung wieder in das Gleichgewicht gebracht werden können. Zwar ist es möglich, auch auf der Ebene der 3-dimensionalen Realität, sein Karma zu bearbeiten. Dennoch stellt Bewusstheit eine sehr vielversprechende Lösungsmöglichkeit dar. Denn durch folgenden Vorgang erlöse ich die Verstrickungen zwischen mir und anderen auf elegante Weise:

Überlege, welche Seele mit Dir eine Energieversöhnung machen möchte. Frage auch Deine Seele, welche Seelen sie einladen möchte.

Dann sprichst Du:

Ich bin in Avalon und Avalon ist in mir.
Ich bin in meinem Kanal.
Ich bin.
Ich bin in meinen Sternentoren, ich bin in meinen Chakren und ich bin in Gottes Armen.
Ich bitte, das alles zum höchsten Wohle aller gefügt wird.
Ich bitte, dass nur das geschehe, was in der göttlichen Ordnung ist.
Ich bitte die göttliche Quelle um Hilfe und die geistigen Führer und Lehrer.
Ich bitte die Engel und Erzengelkräfte um Hilfe, die zuständig sind.
Ich begrüße die Seele in Liebe.
Ich vergebe Dir all das, was Du mir je angetan hast in allen Inkarnationen, in Liebe.

Ich bitte Dich um Vergebung, für das, was ich Dir je angetan habe in allen Inkarnationen, in Liebe.
Ich vergebe mir selbst, für das, was ich getan oder nicht getan habe in allen Inkarnationen, in Liebe.

Ich gebe Dir nun all Deine Energien, Dinge und Fähigkeiten aus allen Dimensionen der Zeit zu Dir zurück. [Bitte warten, bis der Prozess abgeschlossen ist.]

Ich nehme nun all meine Energien, Dinge, Selbstermächtigung und Fähigkeiten aus allen Dimensionen der Zeit zu mir zurück. [Bitte warten, bis der Prozess abgeschlossen ist.]

Ich bitte den Erzengel Michael, alle Verträge, alle Eide, Schwüre, Gelübde, Waffenbrüderschaften, Eheversprechen, Schweige-, und Keuschheitsgelübde zwischen uns aufzuheben. [Bitte warten bis der Prozess abgeschlossen ist.]

Ich lasse alle Wut, alle Enttäuschungen, alle Traurigkeit los.

Ich bitte den Erzengel Michael, nun alle Verstrickungen zwischen uns, aus allen Dimensionen der Zeit zu lösen, wie es nun dem höchsten Wohle aller entspricht.

Ich bitte die Engel, Heilenergien in alle Situationen, in alle Dimensionen der Zeit fließen zu lassen, wie es nun dem höchsten Wohle aller entspricht.

Ich bedanke mich bei der göttlichen Quelle, den Engeln und geistigen Führern und Lehrern, dem Erzengel Michael, bei den Seelen und unseren Schutzengeln.

Energieversöhnung

Die machtvolle Arbeit der Energieversöhnung knüpft an die Karma-Auflösung an [Karte: *Die kosmischen Gesetze*].
In der Energieversöhnung geschieht ein Austausch von Energien
auf der Seelenebene zwischen einer oder mehrerer Seelen, die karmische Altlasten auf diese Weise lösen können, aber auch die Fähigkeiten austauschen, die sie einst füreinander aufbewahrten. Energieversöhnung bedeutet stets etwas positives.
Bitte lesen Sie den genauen Vorgang in dem Begleitbuch nach.

30 *Der heilige Raum*

An manchen Tagen haben wir das Gefühl, die Au-
ßenwelt bedrängt uns. In diesem Falle droht etwas
aus dem Gleichgewicht in uns selbst zu geraten, das
uns aus unserer Mitte zieht. Dagegen hilft es, zu affirmieren: ich befinde mich in meinem heiligen inneren Raum. Dieser heilige Raum, der auch andere
Dimensionen annehmen kann, erzeugt eine energetische Anhebung meiner Schwingung, die mich
an die Verbundenheit mit Allem was ist erinnert.
Die Seele kennt ihre Möglichkeiten, diesen inneren
Raum zu erfüllen. Schaue Dich in Deinem Raum
um, besitzt er die Qualitäten, die Deine Seele sich
wünscht? Geborgenheit, Wärme, ein Gefühl von
Nähe und Schutz? Besitzt Dein innerer Raum die
Qualität, die Deine Seele in der Welt zum Ausdruck
bringen möchte? Ist es ein hell erleuchteter Raum,
oder besitzt er noch dunkle Ecken. Ist er fensterlos
oder ein klarer, durchscheinender Ort, an dem Du
Dich ganz aufgehoben fühlst. Du kommst Deinem
inneren Raum in einer Meditation nahe. Du kannst

aber auch während der Hektik des Tages die Affirmation sprechen und wirst gleich den Unterschied bemerken.

Um dieses Gefühl ganz tief in Dir zu verankern, sagst Du bitte liebevoll:

Ich bin in Avalon und Avalon ist in mir.
Ich bin in meinem heiligen, geschützten Raum.
Ich bin die Seele, ich bin das göttliche Selbst, ich bin Liebe, ich bin Wille, ich bin Weisheit, ich bin geisterschaffen, und ich manifestiere aus dem Geiste jetzt.

Ich rufe die Engel und Erzengelkräfte an: bitte helft mir, von nun an in meinem Raum sicher und behütet zu sein.
Ich bitte um Klärung aller dunklen Stellen in meinem inneren Raum.
Ich lasse alle Dunkelheit los, ich lasse alle Dunkelheit gehen.
Ich bin Licht.
Ich bin.

www.christian-huels.de

Der heilige Raum

Ich bin in Avalon und Avalon ist in mir. Ich bin in meinem heiligen, geschützten Raum. Ich bin die Seele, ich bin das göttliche Selbst, ich bin Liebe, ich bin Wille, ich bin Weisheit, ich bin geisterschaffen, und ich manifestiere aus dem Geiste jetzt.
Ich rufe die Engel und Erzengelkräfte an: bitte helft mir, von nun an in meinem Raum sicher und behütet zu sein.
Ich bitte um Klärung aller dunklen Stellen in meinem inneren Raum.
Ich lasse alle Dunkelheit los, ich lasse alle Dunkelheit gehen.
Ich bin Licht.
Ich bin.

31 *Die Schlüssel des Enoch*

Die Schlüssel aus den Schlüsseln des Enoch beinhalten hohes spirituelles Wissen, das nun wieder von denen, die so weit sind, in Empfang genommen werden darf. Dadurch wird es möglich, seine Schöpferkräfte enorm zu erweitern. Die Schlüssel beinhalten Informationen über die Sprache des Lichts, das die Schöpfersprache ist. Sobald ich diese Informationen selbst „schreiben" kann, kann ich auf der Seelenebene manifestieren und Dinge bewirken, die mit dem Aufstieg zu tun haben. Es ist nötig, bestimmte Codes zu kennen, um die Siegel zu öffnen, die wir einst während unseres „Abstiegs" geschlossen haben. Diese Siegel sind von einer Sprache verschlüsselt, die nur die Seele „spricht".

Insofern bedeutet Aufstieg die Wiedererlangung der Fähigkeiten, diese Sprache zum Einsatz zu bringen.

Ich affirmiere liebevoll:

Ich bin in Avalon und Avalon ist in mir.
Ich bitte um die Schlüssel aus den Schlüsseln des Enoch.
Ich bitte darum, dass ich die Schlüssel erhalte, die nun für meinen Aufstiegsprozess in mein hohes Einheitsbewusstsein notwendig sind.
Möge Gottes Wille geschehen und nicht meiner.
Kodoish Kodoish Kodoish Adonai `Tsebayoth,
Kodoish Kodoish Kodoish Adonai `Tsebayoth,
Kodoish Kodoish Kodoish Adonai `Tsebayoth,
Lay-U-Esh Shekina,
Lay-U-Esh Shekina,
Lay-U-Esh Shekina,
Ehyeh Asher Ehyeh,
Ehyeh Asher Ehyeh,
Ehyeh Asher Ehyeh

Ich bitte um die Schlüssel, die nun meinen Prozess beschleunigen und mich mit dem Höheren Selbst zurückverbinden.

Möge Gottes Wille geschehen und nicht meiner.
Kodoish Kodoish Kodoish Adonai `Tsebayoth,
Kodoish Kodoish Kodoish Adonai `Tsebayoth,
Kodoish Kodoish Kodoish Adonai `Tsebayoth,
Lay-U-Esh Shekina,
Lay-U-Esh Shekina,
Lay-U-Esh Shekina,
Ehyeh Asher Ehyeh,
Ehyeh Asher Ehyeh,
Ehyeh Asher Ehyeh.
Ich bin der ich bin.

Die Schlüssel des Enoch

Ich bin in Avalon und Avalon ist
in mir. Ich bitte um die Schlüssel
aus den Schlüsseln des Enoch. Ich
bitte darum, dass ich die
Schlüssel erhalte, die nun für
meinen Aufstiegsprozess in mein
hohes Einheitsbewusstsein
notwendig sind.
Möge Gottes Wille geschehen
und nicht meiner.
Kodoish Kodoish Kodoish Adonai
`Tsebayoth [3x]
Lay-U-Esh Shekina [3x]
Ehyeh Asher Ehyeh [3x]
Ich bitte um die Schlüssel, die nun
meinen Prozess beschleunigen
und mich mit dem Höheren Selbst
zurückverbinden. Möge Gottes
Wille geschehen und nicht meiner.
Kodoish Kodoish Kodoish Adonai
`Tsebayoth [3x]
Lay-U-Esh Shekina [3x]
Ehyeh Asher Ehyeh [3x]

32 *Das Einheitsbewusstsein*

Das Einheitsbewusstsein erlangen wir durch den Prozess. Dieser Aufstiegsprozess in unser hohes Bewusstsein beinhaltet zahlreiche wunderbare Erlebnisse und Veränderungen in meinem Leben. Scheinbare Zufälle, die sich als Begegnungen zwischen Seelen herausstellen, die miteinander am Aufstieg, an ihrem Heil-Sein arbeiten, stellen sich als Seelen-Verabredungen heraus. In der Einheit existiert keine Trennung. Die Verabredungen reichen soweit, dass selbst „Gegner" zu Freunden und Wegbegleitern werden können, sobald die Zeit dafür gekommen ist, denn auf der Seelenebene haben wir kein Interesse an Streit und Missgunst. Vielmehr an Unterstützung und liebevoller Begleitung von Menschen, die diesen Weg gehen. Die geistigen Gesetze, die dies zum Ausdruck bringen, was in der neuen Zeit Gang und Gäbe sein wird – Kooperation und Hilfe für den Weg, Gemeinschaft statt Trennung, findet für die Bewussten bereits auf der Seelenebene statt.

www.christian-huels.de

Auch aus der Entfernung kann man sich helfen: durch Energiearbeiten, durch telepathische Kommunikation, durch gechannelte Fähigkeiten und Einweihungen, die man dem anderen „gibt". All dies geschieht bereits. Es entspringt dem Bewusstsein der Einheit mit Allem was ist.

Um dieses Bewusstsein mehr und mehr wieder in sich zu verankern affirmierst Du liebevoll:

Ich bin in Avalon und Avalon ist in mir.
Ich bin im Atem Gottes.
Ich bin immer in Gottes Armen.
Die Trennung ist eine Illusion, Gott Vater-Mutter und ich sind eins.
Ich bitte Gott Vater-Mutter, mich in mein hohes Einheitsbewusstsein zu integrieren, auf dass alle Ebenen meines Daseins in dieser Schwingung vibrieren.
Nichts ist oder war je getrennt.
Ich bin, der ich bin.
Ich bin, der ich bin.
Ich bin, der ich bin.

Das Einheitsbewusstsein

Ich bin in Avalon und Avalon ist in mir.
Ich bin im Atem Gottes.
Ich bin immer in Gottes Armen.
Die Trennung ist die Illusion, Gott Vater-Mutter und ich sind eins.
Ich bitte Gott Vater-Mutter, mich in mein hohes Einheitsbewusstsein zu integrieren, auf dass alle Ebenen meines Daseins in dieser Schwingung vibrieren.
Nichts ist oder war je getrennt.
Ich bin, der ich bin.
Ich bin, der ich bin.
Ich bin, der ich bin.

33 *Wahrnehmung*

Die spirituelle Wahrnehmung urteilt nicht, sie nimmt urteilsfrei wahr. Dies ist nicht nur im Hinblick auf unsere gewohnheitsmäßige Wahrnehmung ungewöhnlich, denn auch die bereits spirituell „Erwachten", besitzen eine „verzerrte" Wahrnehmung. Diese speist sich aus unserem Karma, das wir nach unserem Fall aus dem Paradies der Einheit erzeugten. Von da an war jede Wahrnehmung nicht in der Einheit des Bewusstseins rein und ohne Vorurteile. Wollen wir aufsteigen, müssen wir unsere spirituelle Wahrnehmung wieder „herstellen" – und dies meint, die Wahrnehmung, die vor dem Fall aus der Einheit vorherrschte. Sie ist so umfassend, dass sie nur Schritt für Schritt wieder in Empfang genommen werden kann. Zur Zeit noch unvorstellbare Fähigkeiten sind mit dieser Wahrnehmung verbunden: ob Levitation oder absolute Hellsichtigkeit – in der Einheit gibt es keine Trennung, keinen Raum und keine Zeit – zumindest schwingt sie in der Einheit, die die Seele ist, deutlich anders als in der dritten

Dimension. Wahrnehmung betrifft unsere Fähigkeit, die Schöpferkräfte, die wir in uns tragen, wieder zur vollen Bewusstheit zu bringen und damit in der Welt einsetzen zu können.

Du affirmierst liebevoll:

Ich bin in Avalon und Avalon ist in mir.
Ich bin göttlich.
Ich bin die Seele, ich bin das göttliche Licht, ich bin Liebe, ich bin Wille, ich bin Weisheit, ich bin geister-schaffen, und ich manifestiere aus dem Geiste jetzt.
Ich bitte Dich Gott Vater-Mutter, bitte zeige mir den Weg zurück in meine spirituelle Wahrnehmung, die in der Einheit ist.
Bitte zeige mir den Weg zur Heilung.
Bitte eröffne mir die Möglichkeit, gemeinsam mit dem Erzengel Raziel meine versprengten Teile ein-zusammeln, mein Ego zu transformieren und meine gesammelte Kraft wieder zurückzuerlangen.
Dein Wille geschehe, Gott Vater-Mutter und nicht meiner.

Wahrnehmung

Ich bin in Avalon und Avalon ist in mir. Ich bin göttlich. Ich bin die Seele, ich bin das göttliche Licht, ich bin Liebe, ich bin Wille, ich bin Weisheit, ich bin geisterschaffen, und ich manifestiere aus dem Geiste jetzt. Ich bitte Dich Gott Vater-Mutter, bitte zeige mir den Weg zurück in meine spirituelle Wahrnehmung, die in der Einheit ist. Bitte zeige mir den Weg zur Heilung. Bitte eröffne mir die Möglichkeit, gemeinsam mit dem Erzengel Raziel meine versprengten Teile einzusammeln, mein Ego zu transformieren und meine gesammelte Kraft wieder zurückzuerlangen. Dein Wille geschehe, Gott Vater-Mutter und nicht meiner.

34 *Geduld*

Der Weg ist ein Weg der Geduld, denn er erfordert Hingabe und stetes Bemühen um die Reinheit. Dies erfordert einen langen Atem, der von den göttlichen Kräften von Herzen unterstützt wird. Wir können immer Gott um Hilfe bitten – ob wir das Gefühl haben, zu stocken, oder ob wir das Gefühl haben, etwas übersehen zu haben. Gott wird uns sein Mitgefühl und seine Hilfe offenbaren. Seine Liebe trägt uns durch den Prozess, dies ist Gottes Versprechen an uns. Der Weg zurück, der oft mit Arbeit an den dunklen Stellen in uns verbunden ist, wird stets lichter und klarer, je weiter wir schreiten. Die Geduld hilft uns, unser Ziel im Auge zu behalten. Es ist die Bewusstheit und die Fähigkeit zu wahrem Mitgefühl, die uns „aufsteigen" lassen. Diese Qualitäten in uns wieder zu entwickeln, bedarf der liebevollen Arbeit und der Achtsamkeit. Erst durch die Liebe, die warten kann, entwickelt sich alles wie von selbst. Sollte die Ungeduld in uns Fuß fassen, so gibt es ein Mittel, sie im Zaum zu halten.

Du affirmierst liebevoll:

Ich bin in Avalon und Avalon ist in mir.
Ich bin die Seele, ich bin das göttliche Licht, ich bin Liebe, ich bin Wille, ich bin Weisheit, ich bin geisterschaffen, und ich manifestiere aus dem Geiste jetzt.
Ich bitte Gott Vater-Mutter um Hilfe. Bitte zeige mir den Weg zu Geduld und innerem Frieden.
Bitte erlöse in mir die Anteile, die nicht in dem Gleichklang der Einheit schwingen.
Bitte zeige mir den Weg.
Ich bitte den Erzengel Sandalphon, mir den Gleichmut zu schenken, der nötig ist, um das Kommende freudig zu erwarten und das Gegenwärtige als Schritt auf dem Weg zu würdigen.

Geduld

Ich bin in Avalon und Avalon ist in mir. Ich bin die Seele, ich bin das göttliche Licht, ich bin Liebe, ich bin Wille, ich bin Weisheit, ich bin geisterschaffen, und ich manifestiere aus dem Geiste jetzt. Ich bitte Gott Vater-Mutter um Hilfe. Bitte zeige mir den Weg zu Geduld und innerem Frieden. Bitte erlöse in mir die Anteile, die nicht in dem Gleichklang der Einheit schwingen. Bitte zeige mir den Weg. Ich bitte den Erzengel Sandalphon mir den Gleichmut zu schenken, der nötig ist, um das Kommende freudig zu erwarten und das Gegenwärtige als Schritt auf dem Weg zu würdigen.

35 *Hilfe*

Diese Karte weist darauf hin, dass es ratsam ist, in einer Angelegenheit um Hilfe und Unterstützung zu bitten. Dabei kann es sich um ganz weltliche Probleme und Angelegenheiten handeln oder aber um spirituelle. Mögliche Quellen solcher Hilfe können Gott selbst sein oder seine Helfer, die Engel und Erzengel. Diese können immer um Hilfe angerufen werden. Dabei ist es wichtig zu verstehen, dass die Antworten der Engel manchmal eine Aufforderung zu einer konkreten Handlung enthalten. Diese sollten dann befolgt werden, denn die Hilfe kann sonst nicht oder nur über Umwege erfolgen. Die Stimme Gottes vernehmen wir in der Stille, sobald wir uns mit unserer Seele verbinden. Manchmal erhalten wir Hinweise in der physischen Welt, die wir dann deuten, wenn wir die Zeichen begreifen. Dies können scheinbare „Zufälle" sein oder unsere Aufmerksamkeit richtet sich auf Dinge in der Welt, die eine Antwort bereit halten.

www.christian-huels.de

Ich affirmiere liebevoll:

Gott Vater-Mutter, ich bitte Dich um Deine Hilfe.
Bitte hilf mir und zeige mir den Weg.
Eröffne mir die Möglichkeiten, Deine Hinweise zu verstehen und Deine Hilfe anzunehmen.
Bitte erlaube mir, Deine Liebe in allem wahrzunehmen, in allen Menschen, in allen Dingen, in allen Situationen.
Bitte hilf mir zu verstehen, was eine Situation mir sagen soll, welche Hinweise sie für mich bereit hält, welche Schritte ich zur Lösung gehen kann.
Eröffne mir Deine Sicht auf die Dinge.

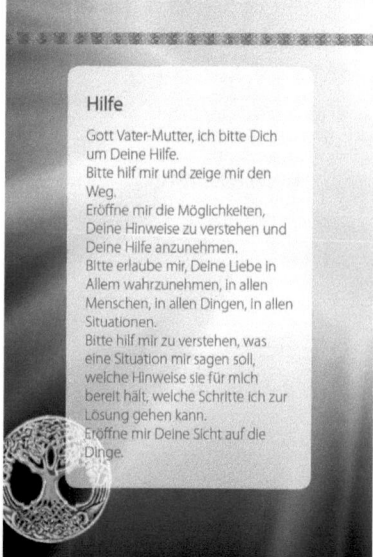

36 Weisheit

Die Druiden waren die Weisen des Volkes. Weisheit bezieht sich auf Wissen um die kosmischen Zusammenhänge. Sind sie transparent, kann jede Seele nach dem besten Wohle aller handeln, denn dann ist gleichsam die Trennung aufgehoben. Wir erfahren in dieser Zeit aufs Neue, dass Alles mit Allem verbunden ist. Diese Verbundenheit bedeutet viel mehr als nur die Vermeidung von Karma. Nicht nur „soll" ich keine negativen Energien aussenden, sondern die neue Zeit beinhaltet die liebevolle Öffnung für die Einheit der Seelen, die sich untereinander unendlich lieben. Diese Liebe zu spüren, kann so heilsam sein, da sie das Gefühl des Getrennt-Seins völlig transzendiert zu einer Stimmung, die uns in Nähe und Geborgenheit umfängt. Weisheit bezieht sich auf die liebevolle Sicht auf die Dinge, die unter dem Blick der oder des Weisen ihren wahren Gehalt offenbaren. In diesem Licht der Einheit, das in der Weisheit der Druiden leuchtet, erscheint unsere Welt als ein Sammelsurium der verschiedensten Einseitigkeiten, die alle aus dem polaren Denken stammen. Diese Einseitigkeiten existieren in der Einheit nicht.

Darum affirmiere liebevoll:

Ich bin in Avalon und Avalon ist in mir.
Ich bin göttlich.
Ich bin die Seele, ich bin das göttliche Licht, ich bin Liebe, ich bin Wille, ich bin Weisheit, ich bin geister-schaffen, und ich manifestiere aus dem Geiste jetzt.
Ich bitte das Universum, mir seine Weisheit zu offen-baren.

Ich bitte darum, dass die Verbundenheit mit Allem was ist von nun an meine Weisheit bestimmt.
Ich bitte darum, dass ich nunmehr die Erfahrung der Trennung als Illusion erkenne.
Ich bitte darum, das hohe Einheitsbewusstsein von Avalon wieder zu erlangen und an den höheren Ebenen teilzuhaben.

Weisheit

Ich bin in Avalon und Avalon ist in mir.
Ich bin göttlich.
Ich bin die Seele, ich bin das göttliche Licht, ich bin Liebe, ich bin Wille, ich bin Weisheit, ich bin geisterschaffen, und ich manifestiere aus dem Geiste jetzt.
Ich bitte das Universum, mir seine Weisheit zu offenbaren.
Ich bitte darum, dass die Verbundenheit mit Allem was ist von nun an meine Weisheit bestimmt.
Ich bitte darum, dass ich nunmehr die Erfahrung der Trennung als Illusion erkenne.
Ich bitte darum, das hohe Einheitsbewusstsein von Avalon wieder zu erlangen und an den höheren Ebenen teilzuhaben.

37 *Die Geschwätzigkeit*

Viel Reden ist eine Art des In-der-Welt-Seins, die durch eine unmerkliche Erosion von Energie gekennzeichnet ist. Der Grund für Viel-Reden stellt meist eine Erfahrung dar, die wir in dieser oder einer anderen Inkarnation erlebt haben. Denn die Aufmerksamkeit, die dadurch abgezogen wird von der inneren Stimme, veranlasst die Seele, sich andere Wege zu suchen, mit dem Schützling zu kommunizieren. Mag diese Sicht auch etwas streng erscheinen, taucht diese Karte auf, deutet dies auf einen Redefluss hin, der ohne Unterbrechung die Stille, die so wichtig ist für den Prozess, unterminiert. Dies kann sich ebenso auf die Unterhaltungen im Außen beziehen, auf zuviel „Trubel", Ablenkung, zuviel „Input". Dieser stellt zum Teil eine enorme Belastung für die Seele dar, denn diese muss sich, um sich auf den Prozess zu konzentrieren, sammeln und ihre Kräfte bündeln.

Zerstreuung führt zu mehr Zerstreuung und Ver-
flüchtigung der notwendigen Energien und Kräfte,
die für den Aufstiegsprozess benötigt werden.

Darum affirmiere liebevoll:

Ich bin in Avalon und Avalon ist in mir.
Ich bin göttlich. Ich bin in den Armen Gottes.
Gott Vater-Mutter, ich bitte Dich, führe mich zu inne-
rer Stille und Gelassenheit.
Lasse mich erkennen, wo ich noch im Außen bin
und nicht bei mir, bei meiner Seele.
Bitte führe mich in Zeiten des Aufstiegs in die Ruhe
und Stille, wo sie nötig ist.
Bitte schenke mir die innere Gelassenheit, meine
Umwelt in dem Licht zu sehen, das sie als das offen-
bart, was sie ist: mein Spiegel.
Ist sie ruhig und gelassen oder hektisch und laut?
Bitte Gott Vater-Mutter, offenbare mir Dein Mitge-
fühl. Bitte Gott Vater-Mutter, offenbare mir Dein Mit-
gefühl. Bitte Gott Vater-Mutter, offenbare mir Dein
Mitgefühl.

Geschwätzigkeit

Ich bin in Avalon und Avalon ist in
mir. Ich bin göttlich. Ich bin in den
Armen Gottes. Gott Vater-Mutter,
ich bitte Dich, führe mich zu innerer
Stille und Gelassenheit.
Lasse mich erkennen, wo ich noch
im Außen bin und nicht bei mir, bei
meiner Seele. Bitte führe mich in
Zeiten des Aufstiegs in die Ruhe und
Stille, wo sie nötig ist.
Bitte schenke mir die innere
Gelassenheit, meine Umwelt in dem
Licht zu sehen, das sie als das
offenbart, was sie ist: mein Spiegel.
Ist sie ruhig und gelassen oder
hektisch und laut?
Bitte Gott Vater-Mutter, offenbare
mir Dein Mitgefühl. (3x)

38 *Die Gedankenkräfte*

Die Gedankenkräfte formen sich nach dem Bilde der Seele. Genauer gesagt, spiegeln sie ihre Verfasstheit in der Welt. Sind meine Gedanken stet, ruhig, gelassen und durchschauen die Zusammenhänge des Lebens? Lassen sie sich „gefangen nehmen" von den „Stürmen" im Außen – hängen sie Dingen und Situationen nach, die bereits vergangen sind und meine Aufmerksamkeit nicht mehr erfordern oder richten sie sich auf das Hier und Jetzt? Wenn ich abgelenkt bin, ist dies ein Zeichen, dass meine Seele noch nicht mit mir vollständig verbunden ist, dass die Dinge im Außen mich aus meiner Mitte ziehen können. Die Rückverbindung mit den Anteilen meiner Seele, die sich in der Welt zum Ausdruck bringen möchten, die mehr und mehr in der Welt wirken möchten, erfordern ein Geöffnet-Sein. Dieses erreichen wir, indem wir unsere Seelenteile einladen, wieder zu uns zurückzukehren.

Denn dann „wachsen" unsere Gedankenkräfte und bündeln sich wieder zu dem Licht der Einheit, das in der Welt von nun an wirkt.

Du affirmierst liebevoll:

Ich bin in Avalon und Avalon ist in mir.
Ich bin die Seele, ich bin das göttliche Licht, ich bin Liebe, ich bin Wille, ich bin Weisheit, ich bin geister-schaffen, und ich manifestiere aus dem Geiste jetzt.
Ich bitte nun alle Anteile meiner Seele, die zu mir zurückkehren wollen, zu mir zurückzukehren.
Ich lade Euch ein, zu mir zurückzukehren, um von nun an wieder im Licht der Einheit an dieser neuen Zeit mitzuwirken.
Ich bitte Euch, stärkt meine Gedanken, lasst sie von dem Glanz des göttlichen Lichtes erfüllt sein, das ich bin.
Denn ich bin Liebe, ich bin Wille, ich bin Weisheit, ich bin göttlich, ich bin geist-erschaffen und ich mani-festiere aus dem Geiste jetzt.

Die Gedankenkräfte

Ich bin in Avalon und Avalon ist in mir. Ich bin die Seele, ich bin das göttliche Licht, ich bin Liebe, ich bin Wille, ich bin Weisheit, ich bin geisterschaffen, und ich manifestiere aus dem Geiste jetzt.
Ich bitte nun alle Anteile meiner Seele, die zu mir zurückkehren wollen, zu mir zurückzukehren.
Ich lade Euch ein, zu mir zurückzukehren, um von nun an wieder im Licht der Einheit an dieser neuen Zeit mitzuwirken.
Ich bitte Euch, stärkt meine Gedanken, lasst sie von dem Glanz des göttlichen Lichtes erfüllt sein, das ich bin.
Denn ich bin Liebe, ich bin Wille, ich bin Weisheit, ich bin göttlich, ich bin geisterschaffen und ich manifestiere aus dem Geiste jetzt.

39 *Freiheit*

Freiheit ist die Fähigkeit, die spirituellen Wahrheiten in sein Leben zu integrieren. Denn dann entsteht die Freiheit auf einer Ebene, die viel tiefer greift, als unser Verstand in der Lage ist zu begreifen. Denn die Seele, die sich vor Ihrer Inkarnation einen genauen Plan über ihr Leben in einem Körper gemacht hat, agiert nach diesem Plan. Je „unbewusster" ich bin, desto stärker greift die Verabredung, die ich mit anderen Seelen traf. Je bewusster ich werde, umso klarer wird der Weg, den ich geplant habe, zu gehen, bevor ich inkarnierte. Dies bedeutet, dass dieser Weg auch anders aussehen kann, als geplant, denn ich folge ja bewusst dem Seelenplan und nicht dem Ego. Dies bedeutet auch, dass Verabredungen neu und anders getroffen werden können, je nach Situationen und Lernaufgaben der Beteiligten. Wir haben den göttlichen freien Willen und sind in unserer Bewusstheit in der Lage, ihn voll – und dies heißt, zum höchsten Wohle aller einzusetzen. Dann erst sind wir frei.

www.christian-huels.de

Ich affirmiere liebevoll:

Ich bin vom Licht und ich bin im Licht.
Ich bin frei, frei, ewig frei.
Ich bin die Seele, ich bin das göttliche Licht, ich bin Liebe, ich bin Wille, ich bin Weisheit, ich bin geisterschaffen, und ich manifestiere aus dem Geiste jetzt. Ich bitte Dich, Gott Vater-Mutter, befreie mich aus meinen Illusionen, die mich in der Unfreiheit hielten. Bitte befreie mich aus meinen karmischen Verstrickungen, so dass ich in Freiheit dem Licht dienen kann.

Bitte erlaube mir, meine Freiheit von nun an wieder zum höchsten Wohle aller einzusetzen.
Ich bin in Avalon und Avalon ist in mir.

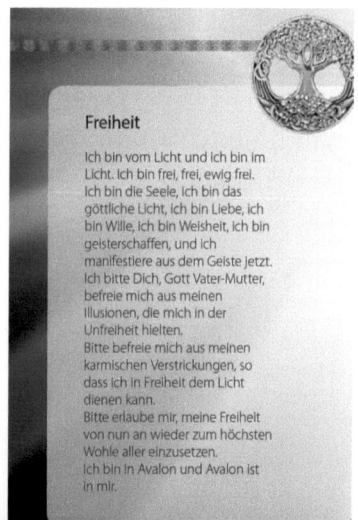

40 *Die Fähigkeiten der Seele*

Um unsere Fähigkeiten wieder in Empfang zu nehmen und auf der Seelenebene zum Einsatz bringen
zu können, ist es wichtig, die Einheit mit Allem was
ist wieder als Erfahrungsschatz in sich aufzunehmen. Bewertungen, Urteile, karmische Verstrickungen, verbauen uns den Weg zu unseren hohen
seelischen Fähigkeiten. Diese können durch stetes
Bemühen, sich von seinen Fesseln zu lösen, wieder
in Empfang genommen werden. Wir erreichen dies
durch die Hingabe an die Seele, denn sie kennt den
Weg. Liebe Seele, lass mich stets auf Deinem Weg
wandeln, werde täglich mehr und mehr Teil meines Lebens, lass mich wieder erkennen, dass die
Trennung eine Illusion ist, dass nicht Ich sondern Du
lenkst. Ich bin die Seele meint, dass die eigentliche
Illusion die ist, dass wir nicht unsere Seele sind. Nur
als eine Erfahrung der Dunkelheit unseres hohen
Bewusstseins, konnte diese Trennung entstehen, die
nun wieder rückgängig gemacht wird.

www.christian-huels.de

Die Fähigkeiten unserer Seelen werden die Welt wieder erhellen und alle Dunkelheit mit Gottes Hilfe erlösen.

Du affirmierst liebevoll:

Ich bin in Avalon und Avalon ist in mir.
Ich bin die Seele, ich bin das göttliche Licht, ich bin Liebe, ich bin Wille, ich bin Weisheit, ich bin geisterschaffen, und ich manifestiere aus dem Geiste jetzt.
Ich bitte Dich, geliebte Seele, geliebtes Höheres Selbst, werde täglich mehr und mehr Teil meines Lebens.
Lass mich die Trennung als Illusion des Egos und des Verstandes erkennen.
Bitte rücke meinen/unseren Verstand wieder in die Position der Einheit.
Lass Herz und Verstand wieder die Einheit bilden, die sie einst waren.
Lass uns gemeinsam das Ego transformieren und die Illusion beenden.
Ich bin die Seele, ich bin das göttliche Licht, ich bin

Liebe, ich bin Wille, ich bin Weisheit, ich bin geister-schaffen, und ich manifestiere aus dem Geiste jetzt.

Ich bitte Gott Vater-Mutter um Erlaubnis, von nun an meine Fähigkeiten zu mir zurückzunehmen.

Ich bitte Gott Vater-Mutter um Erlaubnis, von nun an zum höchsten Wohle aller wieder in der Welt zu wir-ken, so wie es meine Seele wünscht.

Dein Wille geschehe, Gott Vater-Mutter, und nicht meiner.

Die Fähigkeit der Seele

Ich bin in Avalon und Avalon ist in mir. Ich bin die Seele, ich bin das göttliche Licht, ich bin Liebe, ich bin Wille, ich bin Weisheit, ich bin geisterschaffen, und ich manifestiere aus dem Geiste jetzt. Ich bitte Dich, geliebte Seele, geliebtes Höheres Selbst, werde täglich mehr und mehr Teil meines Lebens. Lass mich die Trennung als Illusion des Egos und des Verstandes erkennen. Bitte rücke meinen Verstand wieder in die Position der Einheit. Lass Herz und Verstand wieder die Einheit bilden, die sie einst waren. Lass uns gemeinsam das Ego transformieren und die Illusion beenden. [...siehe Begleitbuch...]

Avalon – Das Kartendeck

Ich bin in Avalon und Avalon ist in mir.

- Geistiges Heilen
- Ausbildungen
- Einweihungen
- Channelings
- Clearings

Live-Meditationen auch im Internet:
www.christian-huels.de/live.html

Blog: spirit.fotografie-huels.de
kontakt@christian-huels.de

www.christian-huels.de

Einheitsbewusstsein
durch Avalon

Kartendeck (zu beziehen unter:
www.christian-huels.de)
und Begleitheft

www.christian-huels.de
Blog: spirit.fotografie-huels.de